나는 서울보다 수원이 좋다

■ 고려원북스는 우리들의 가슴속에 영원히 남을 지혜가 넘치는 좋은 책을 만들겠습니다.

초판 인쇄 | 2016년 1월 4일

지은이 | 이재준
펴낸이 | 설응도
펴낸곳 | 고려원북스

편집장 | 김지현
책임편집 | 안은주
마케팅 | 김홍석
경영지원 | 설효섭
디자인 | Kewpiedoll Design

출판등록 | 2004년 5월 6일(제16-3336호)
주소 | 서울시 서초중앙로 29길(반포동) 낙강빌딩 2층
전화번호 | 02-466-1207
팩스번호 | 02-466-1301
전자우편 | Koreaonebooks@naver.com

ISBN : 978-89-94543-73-4   03300

잘못 만들어진 책은 구입처나 본사에서 교환해 드립니다.
책값은 뒤표지에 있습니다.
고려원북스에서는 독자 여러분의 소중한 아이디어와 원고 투고를 기다리고 있습니다.

나는
서울보다
수원이
좋다

이재준 지음

고려원북스

시대정신에
응답하다

지난 50여 년 동안 우리는 성장우선주의라는 정책 논리로 국가발전을 주도해 왔다. 이러한 성장우선주의 정책은 양量적인 성장에는 많은 기여를 하였지만 우수한 자연 환경이나 역사 문화의 중요성을 간과하였기에, 이제는 오히려 국가 경쟁력를 저해하는 요인이 되고 있다. 소득수준 3만 달러 시대를 맞이하여 선진사회로 진입하기 위해서는 경제성이나 기능성 중심의 물질적 풍요로움이 더 이상 삶의 목표로 인식되어서는 안 된다. 살기 좋음 · 안락함 · 풍요로움 등 '질質의 사회'를 향해 정책 방향이 전환되어야 한다(이재준, 2015).

시민은 도시의 주인이다. 오늘날과 같은 평등하고 다원주의적인 사회에서 가장 큰 영향력을 발휘하는 힘은 시민으로부터 나온다. 그러나 그동안 우리나라 도시정책은 소수의 전문가들이 모여 수립하는 행정 주도적 방식이었다. 도시정책을 추진하는 과정에서 시민참여는 설문조사나 공청회 혹은 공고, 공람 과정에 의견을 제안하는 수준에 그쳤다. 도시정책 수립 과정에서의 시민참여가 사전 정보 유출에 따른 부동산 투기, 다양한 민원 제기, 지역갈등 심화 등 여러 가지 부작용을 유발시킬 것이 우려되었기 때문이다. 과거 고도성장시대, 시민은 가급적 배제되었고 행정가와 전문가들 중심의 도시정책이 추진되었던 것이다.

그러나 시대가 변했다. 세계의 모든 도시들이 이전에 경험하지 못했던 심각한 도전에 직면해 있다. 경제위기로 인해 저성장 시대에 접어들면서 전통적 방식의 도시 성장과 개발이 한계에 다다랐다. 또한 시민들의 교육 수준이나 참여의식도 높아져 조금씩이나마 관 중심에서 민 중심의 거버넌스Governance 시대로 이동하고 있다. 시대정신에 응답하기 위해서는 시민의 가치관과 눈높이로 도시의 비전과 전략, 사업들을 계획하고 실현하는 새로운 도시정책의 플랫폼이 필요하다. 물론 새로운 국가 정책도 그 맥락은 같다.

시민 스스로 도시를 만들어 가는 '시민도시', 모호한 개념만큼 그 방법론도 다양하다. 시민이 직접 정책 아이디어를 제안하여 실제로 도시를 바꿔나갈 수도 있고, 지방재정의 운영에 직접 참여할 수도 있다. 도시계획을 수립하는 과정에 직접 또는 간접적으로 참여하여 의견을 제시할 수 있으며, 자기가 살고 있는 마을을 자신의 손으로 직접 만들 수도 있다. 또한 도시정책을 추진하는 과정에서 발생하는 다양한 갈등을 해결하는 과정에 참여할 수도 있다.

나는 서울보다 수원이 좋다. 수원의 사람들이 좋고 역사와 문화가 좋다. 특히 시민들의 자발적 참여로 정책이 수립되고 집행, 평가되는 지방자치 1번지 도시, 수원이 좋다.

이 책엔 시민참여 도시정책에 대한 이론과 실천 경험들이 담겨 있다. 먼저 1장에서는 새로운 도시정책의 플랫폼으로서 시민도시에 대한 개념과 시민도시를 가능하게 하는 집단지성의 힘에 대해서 설명하고, 2장에서는 시민도시에서 시민들이 실제로 도시행정에 참여할 수 있는 다양한 루트를 제시하였다. 이어지는 3장에서는 한국형 시민도시의 새로운 가능성을 열어가고 있는 수원시의 사례를 통해 시민도시 이론의 현실적 적용 가능성을 가늠해보았다. 그리고 부록에서는 시민도시를 만들기 위한 구체적인 방법론과 정책들을 제안하였다.

이 책은 시민도시에 대한 꿈을 공유하고, 그 꿈이 하루 빨리 우리 한국사회에서 실현되기를 바라는 소망에서 시작되었다. 또한 필자가 학자로서, 또 행정가로서의 역할을 수행하며 그동안 겪은 다양한 경험들의 기록이기도 하다. 훌륭한 부모님과 가족, 그리고 친구들 덕분에 대학에서 하고 싶은 연구에 몰두했으며, 시민운동가와 행정가로서의 역할도 수행할 수 있었다. 오랫동안의 꿈을 현장에서 이룰 수 있도록 행정가로서의 기회를 준 수원시 염태영 시장님께 먼저 깊은 감사를 드린다. 또한 기꺼이 출간을 결정해준 고려원북스 설응도 대표, 그리고 함께 자료를 찾아준 김동순 작가, 최석환, 김도영 연구원, 송자운선에게도 감사의 인사를 전한다. 마지막으로 평생을 배관공 노동자로 살다가 주님의 품으로 가신 존경하는 아버지와 신앙과 희생으로 평생을 살아오신 어머니, 그리고 사랑하는 아내에게 이 책을 바친다.

시민도시의 꿈은 혼자일 때, 힘을 발휘할 수 없다.

하지만 모두가 같은 꿈을 꾼다면 그 꿈은 반드시 이루어질 것이다. 우리가 살고 있는 도시의 주인은 바로 우리 시민임을 잊어서도, 포기해서도 안 된다(이재준, 2014).

2015년 12월 15일
이 재 준

참여의 시작과 끝,
그리고

새로운 시작

시작; 호수에 돌을 던지다

"네? 시민 참여요?

"지금 도시계획에 시민을 참여시킨다고 하셨나요?"

"그걸 우리 수원시에서 하겠다고요?"

예나 지금이나 '참여'란 말에 공무원들이 알레르기 반응을 일으키는 것
은 보편적인 현상이다. 하지만 수원시의 경우는 이야기가 다르다. 아니,

달라졌다. 참여가 어떻게 세상을 바꿀 수 있는지 똑똑히 지켜보았기 때문이다. 그들 스스로 그 역할의 한 축을 담당해, 새로운 역사를 썼기 때문이다.

공무원들에게 '참여'란 '귀찮음'과 동의어였다. 참여는 '민원 증가'였고, '구설수'였고, '야근'이었다. 공무원들은 문제를 인지하고, 문제를 해결하는 방식으로 움직인다. 참여란 없던 문제를 만드는 것, 잠재돼 있던 문제를 들쑤시는 행위라 인식한 것이다.

시정市政을 호수에 비유해보자. 그 호수는 천재지변이 일어나거나 외부의 강력한 힘이 개입되지 않는 한, 늘 잔잔하게 유지된다. 시민들의 입장에서는 있는 듯 없는 듯 내 주변에 머물고 있는 존재이다. 공무원들 역시 그 호수가 항상 잔잔하기를 원한다. 스스로 돌멩이를 던져 넣어 평지풍파를 일으킬 생각은 추호도 없는 것이다.

이런 공무원 사회의 고정관념을 깨고 '시민 참여에 의한 도시계획'이란 거창하고도 생소한 계획을 실행하기 위해서는 '설득'과 일정 정도의 '협박'이 병행되어야 했다. 수원시에서 시작되어 대한민국 전체로 확대되었으며, 서울을 위시한 수많은 도시들이 수원시를 벤치마킹하게 만든 시민 참여 프로젝트는 이렇게 시작되었다.

도전; 스스로 길을 만들다

남들이 가지 않은 길, 지도 없이 떠나는 여정은 불안하다.

예상치 못했던 장애물을 만나더라도 넘어가겠다는 용기와 중간에 멈추지 않겠다는 의지가 없는 사람에겐 받아들이기 어려운 선택이다. 용기와 의지를 충전하고 떠났다 하더라도 중간에서 방전되기 십상이다.

수원시의 행보도 다르지 않았다.

아무리 철저한 준비를 한다 하더라도 시행착오를 피해갈 수 없었고, 사람과 사람이 만나 이루어지는 일이다 보니 갈등 요소가 없을 수 없었다. 더군다나 이 프로젝트의 장애물도 갈등도 다 처음 만나는 것들이다. 어떻게 해결해야 할 것인가에 대한 해결책도 그 해결책에 대한 평가도 처음이다.

길이 없는 곳에서 스스로 길을 만드는 사람들은 절대 일정한 속도로 전진할 수 없다. 앞으로 갔다가 뒤로 물러날 수도 있으며, 방향을 조금 전환할 수도 있다. 나침반을 보고 앞으로 나아가는 것이 아니라, 스스로 나침반이 되어 나아가야 했기 때문이다. 그런데 우리가 만난 것이 예상치 못한 장애물만은 아니었다.

길 한가운데서 예상하지 못했던 열정과 자긍심을 만난 것이다.

지속적인 설득에도 고개를 갸웃하던 공무원들과 '진짜 뭘 하긴 하는 거냐?'고 시큰둥하던 시민들의 반응이 바뀌었다. 분명 머리로 깨닫는 것과

몸으로 깨닫는 것은 다르다. 시작하기 전에 예측하는 것과 직접 부딪치면서 체험하는 것 또한 다르다.

시민 참여 프로젝트의 주축이 된 공무원들이 열심히 뛰기 시작했다.

뭔가 이루어질 것 같은 분위기를 직감했기 때문이다. 새로운 역사를 만들고 있다는 사명감, 시민들의 호응과 열렬한 지지, 올바른 방향으로 나아가고 있다는 확신 등이 그들을 스스로 밤 새게 했고, 발바닥이 부르트도록 뛰어다니게 했다. 그들은 결코 처음의 그 공무원들이 아니었다.

시민들의 변화 또한 드라마틱했다.

전시행정 아니냐는 의심스러운 눈초리는 자신들의 힘으로 새로운 수원을 만든다는 긍지 가득한 눈빛으로 바뀌었다. '그래 봤자 뭐가 되겠냐?'던 푸념은 '될 수도 있다!'란 자신감으로 바뀌었다. 그들은 '들러리'가 아니라 '주체'가 될 수 있다고 믿기 시작했다.

눈덩이를 굴려 본 사람은 알 것이다.

처음에 얼마간의 크기가 되기 전까지는 힘들지만, 그 다음은 일사천리로 눈덩이가 커진다는 것을. 공무원과 시민, 프로젝트를 이끌어갈 두 개의 축이 자긍심과 자신감을 충전하자 시민 참여 도시계획은 스스로의 추진력으로 속도를 높이기 시작했다.

끝; 그리고 모든 것이 달라졌다

여행을 무사히 끝낸 여행자에게 그 여정이 어떠했냐고 묻는 것은 어리석은 일일지도 모른다. 모든 지나온 길은 아름답게 미화되기 마련이므로.

결론적으로 수원시의 시민 참여 도시계획은 '성공'이라는 대미를 장식했다.

그동안 겪었던 수많은 어려움쯤은 장편소설의 삽화처럼 사소하게 보일 정도로…

수원시는 시민계획단에 이어 마을계획단, 마을 르네상스 사업, 생태교통에 이르기까지 '시민 참여'란 깃발 아래 숨가쁘게 달려왔다.

그리고 모든 것이 달라졌다.

시민이 계획한 거리, 주민이 스스로 만든 마을은 관이 주도했던 이제까지의 도시계획과는 본질적으로 다른 아우라를 드러냈다. 설사 그것이 외관상으로는 큰 차이가 나지 않더라도 상관없다. '나'라는 주체가 개입된 도시와 마을은 더 살갑고 더 정겹다.

내가 보살펴야 하는 곳, 내가 관심 가져야 하는 곳으로 승화되었기 때문이다. 수원시의 변화는 곧이어 다른 도시로 퍼져나갔다. 서울이 수원을 배우기 위해 달려왔다. 대한민국 도시들이 수원을 배우고자 했다.

수많은 도시들이 수원을 벤치마킹하며 시민 참여 도시계획을 추진하기 시작했다.

UN은 수원시를 성공사례로 인정해 해비타트 대상을 수여했다.

이제 그 누구도 도시계획에 왜 시민 참여가 필요하냐고 반문하지 않는다. 비전문가 집단이 도시계획을 한다는 게 말이 되냐고 시비 걸지 않는다. 시민들이 자신들의 이익만 쫓을 것이라고 폄훼하지 않는다.

시민들이 과연 자발적으로 참여하겠냐고 의심하지 않는다.

우리나라가 해외 선진국인지 아느냐고 비아냥거리지 않는다.

수원시가 이룬 성과는 단지 시민 참여 도시 계획을 성공한 것에 그치지 않는다.

직접 참여한 사람들은 물론 그것을 지켜본 사람들이 가졌던 의구심을 해소했고, 도저히 무너질 것 같지 않던 고정관념을 깨뜨렸다.

그리고 무엇보다 가능하다는 희망을 주었다.

새로운 시작; 세상이 어떻게 변할지는 아무도 모른다

꿈이 있는 사람들에게 끝은 끝이 아니다.

다만 새로운 시작을 하기 위한 방점에 불과하다.

수원시의 시민 참여 도시계획도 더 큰 꿈을 준비하고 있다.

모든 도시들이 수원시를 부러워하고 있는 동안, 수원시는 또 한 번의 획기적인 행보를 시작했다. 시민 참여를 도시계획이 아닌 다른 분야로 확대한 것이다.

도시계획 분야의 성공이 다른 분야의 성공을 보장해주지 않는다는 의미에서 그 발걸음은 더 신중했고 치밀했다.

그 이야기는 이렇게 시작된다.

수원역 인근에 대형 몰이 들어서게 되었는데, 개장 시기에 대해 논란이 계속되었다. 교통문제를 해결한 후에 개장해야 한다는 재래시장 연합회 측과 명절 특수를 보기 위해 개장을 감행하겠다는 몰 측의 의견이 팽팽하게 맞서는 상황이었다.

몇 번의 회의에서도 의견은 조율되지 않았고, 결국 안건은 시민계획단의 손에 넘겨졌다. 그리고 시민계획단의 결정이 내려지자 아무도 이의를 제기하지 못했다.

도시의 문제를 시민이 스스로 결정하겠다는 것보다 더 큰 대의와 강력한 명분은 없기 때문이다. 수원시는 시민계획단의 활동 영역을 도시계획에서 시의 역점 사업이나 논란이 되는 프로젝트로 점차 넓혀 나가고 있다.

하지만 수원시의 꿈은 여기까지가 아니다.

수원의 성공이 들불처럼 모든 도시로 번져나가길 꿈꾼다.

시민 참여가 도시계획뿐 아니라 모든 분야로까지 확장되길 꿈꾼다.

시민 참여가 더 이상 선택사항이어서는 안 된다.

그것이 '제도'가 되고 '정책'이 되어야 한다.

시민참여는 새로운 시민혁명이다. 왕정시대 자유를 위한 피의 몸부림만이 혁명이 아니다. 우리의 삶 옆에 있는 정치, 생활정치를 실현하고자 하는 작은 움직임 하나하나가 혁명이요, 혁신이다. 행정이 앞에서 끌고 시민이 뒤따라오는 시민참여의 시대는 끝났다. 시민이 앞서나가고 행정이 지원하는 시대가 도래했다. 행동하는 시민이 뿜어내는 무서운 저력이 대한민국 곳곳에서 빛을 발할 것이다.

세상은 분명 변하게 될 것이다.

아니 변하고 있다. 세상이 얼마나 달라질지는…

아무도 모른다.

차 례

Chapter 01
지속가능한 도시를 꿈꾸며

Chapter 02
위대한 시민도시의 탄생

Chapter 03
수원시가 이룬 작은 기적

Chapter

01

지속가능한
도시를 꿈꾸며

도시의 미래는 불확실하다. 현재 도시의 성장과 소비, 생산 패턴은 더 이상 지속가능하지 않다. 도시는 생태적으로, 경제적으로 이미 도를 지나친 상태다. 급격한 도시화로 심각한 환경 훼손이 발생하고 있고 도시 내의 경제적 양극화나 불평등은 계속 증가하고 있다. 이런 문제의 원인은 장기적, 생태적 관점은 고려하지 않는 토건 중심의 전통적인 도시정책 모델에 있다. 우리가 원하는 것은 경제적으로 건전하고 생태적 회복력이 갖춰진 삶의 질이 보장되는 도시다.

1

도시는 진화하고 있다

도시의
미래가
불확실하다면

"사람은 도시를 만들고, 도시는 사람을 만든다."

영국의 정치가 윈스턴 처칠의 유명한 말처럼, 도시는 진화의 속성을 갖고 있다. 끊임없이 변화하고 발전한다. 도시 진화의 역사는 인류가 살아온 삶의 흔적과 그 궤적을 같이 한다. 그만큼 도시가 가지는 의미는 매우 중요하다. 우리 삶의 터전이자 삶의 질을 결정하는 곳이기 때문이다. 원시사회의 공동체 도시에서부터 궁전과 신전이 도시의 중심부를 차지했던 고대도시, 봉건영주와 농노들의 거주지역이 분리되어 있던 중세 성곽도시, 산업의 발달로 급속한 팽창과 발전을 거듭하며 동시에 여러 가지 도시 문제가 생기기 시작한 근대도시, 그리고 고도의 경제 발전 속에서 도시 개발의 광풍이 몰아친 과밀화된 현대도시에 이르기까지, 도시는 지배 구조의 변화와 경제 발전의 양상을 그대로 반영해왔다.

전 세계의 도시로 일자리, 교육, 의료, 문화, 예술, 오락, 상업 등 사회적 서비스가 집중적으로 제공되었으며, 계속된 도시화 현상으로 인해 현재 소득과 부의 대부분이 국가 전체보다는 도시에 편중되어 있다. 그런데, 우리가 살고 있는 도시의 미래는 불확실하다는 의견이 지배적이다. 기후 변화로 인한 지구 온난화 영향, 인구의 증가와 노령화, 경제적 양극화 등 전 지구가 공통적이고 다양한 도전에 직면해 있기 때문이다. 많은 학자들에 의해 공통적으로 지적되고 있는 것은 현재 도시의 성장과 소비, 생산 패턴은 더 이상 지속가능하지 않다는 것이다. 왜냐하면 현재 우리가 살고 있는 도시는 생태적으로 이미 도를 지나친 상태이고, 소모적 경제는 지구가 수용할 수 있는 한계량을 초과하고 있기 때문이다. 또한 급격한 도시 성장으로 인해 민감하고 취약한 지역뿐만 아니라 더욱 넓은 수준에서 심각한 환경적 퇴화가 일어나고 있기 때문이다. 필수적인 온실가스 배출량 감축은 과학자들의 기대에 못 미치고 있고,

> 도시의 미래는 불확실하다. 현재 도시의 성장과 소비, 생산 패턴은 더 이상 지속가능하지 않다. 도시는 생태적으로, 경제적으로 이미 도를 지나친 상태다.

에베네제 하워드는 산업혁명 당시 도시가 가지고 있던 문제점을 해결하기 위해 전원도시를 제안하였다.
ex. 영국의 웰윈(위)과 레치워스(아래)

나는 서울보다 수원이 좋다

도시 내의 경제적 양극화나 불평등은 계속 증가가고 있기 때문에 더욱 그렇다. 아울러 도심에서의 주거비용은 점점 더 비싸지고 사회적 불평등은 증대되며 혼잡은 계속해서 가중되고 있다(이재준, 2013h).

이 같은 문제의 원인은 환경적 영향이나 도시의 장기적인 확장비용 등을 고려하지 않는 토건 중심의 전통적인 도시정책 모델에 있다. 우리가 원하는 것은 양적인 성장보다는 경제적으로 건전하고 자율적으로 살기에 알맞으며 생태적 회복력이 갖추어진 삶의 질이 보장되는 도시다. 따라서 이제는 단기적 성장과 단순한 선형적 사고에서 벗어나, 현 세대는 물론 다음 세대까지 고려하는 총체적 시각에서 바라보는 지속가능한 발전이라는 패러다임으로 도시정책을 변화시켜야 한다(이재준 외, 2015). 지속가능한 도시를 지향하는 도시정책의 변화는 불확실한 미래에 대처하는 가장 현명한 방법이다.

100년 후에도 지속되는 도시

국가정상에서부터 많은 전문가, NGO단체에 이르기까지 현대 사회에서 가장 많이 논의되는 용어 중의 하나가 바로 지속가능한 발전Sustainable Development이다.

세계 공동과제로 지구환경보전을 주창한 것은 '오직 하나뿐인 지구Only One Earth'라는 슬로건 아래 개최된 1972년 스톡홀름 환경회의UNCHE

스웨덴 하마비(함마르비) 신도시는 에너지를 절약할 수 있는
건축물, 보행과 대중교통 중심의 도시구조 등
다양한 저탄소 기법을 도입하고 있다.

스톡홀름 구시가지 및 도시 전경: 환경회의 개최 도시

였다. 그러나 지속가능한 발전 개념 자체가 처음으로 제안된 것은 1987년 브룬트란트 보고서 '우리 공동의 미래Our Common Future'에서였다.

브룬트란트 보고서에서는 현재 뿐만 아니라 미래의 필요를 충족시킬 수 있는 환경용량의 한계를 핵심적으로 지적하면서 지속가능한 발전이 처음 공식화되었다. 지속가능한 발전이란 '미래세대의 필요를 충족시킬 수 있는 능력을 훼손하지 않는 범위 내에서 현재 세대의 필요를 충족시키는 개발'로 정의된다(WCED 정의, 1987년 환경과 개발에 관한 세계위원회가 제시) (이재준, 2008). 이것은 자연자원과 생태계의 자정능력의 한계를 인정하면서 그 한계 안에서 인류의 기본적인 필요를 충족시키는 발전을 의미하는 것이다.

브라질 리우 + 20 회의(출처 수원시 포토뱅크)

1992년 리우회의에서는 이를 한걸음 더 구체화하였다. 지난 반세기 동안 경제부흥에만 몰두하던 오류에서 벗어나, 경제발전과 환경보전을 동시에 추구하는 지속가능한 발전 개념을 확장시킨 것이다(이재준, 2008). 리우회의에서는 '지속가능한 발전은 경제발전, 사회통합, 환경보호라는 세 가지 축에 대한 균형 있고 통합적인 접근이 필요하며, 특히 지방자치단체에서 지역사회의 다양한 이해관계자들이 참여하는 협력적 거버넌스를 구축하는 것이 절대적이다' 라고 규정하였다. 리우회의에서의 지속가능한 발전 개념의 확장은 전 세계적으로 '지방의제21' 운동을 낳게 되었다. 더불어 지속가능한 도시Sustainable City라는 개념이 발전하게 된 계기가 되었다.

이후 많은 학자들에 의해 지속가능한 발전의 개념은 다양하게 논의되었지만, 무엇보다 2002년 남아프리카에서 개최된 지속가능발전세계정상회의WSSD에서 사회적 형평성 혹은 통합을 지속가능발전의 주요한 축으로 강조하면서 점차 보편화되었다. 또한 리우 정상회의 20주년을 맞이해 개최된 2012년 브라질 리우+20 정상회의는 20년 전 리우 정상회의에서 합의된 '지속가능한 발전'에 대한 국제적인 이행노력을 점검하고 향후 20년의 지속가능한 발전의 방향을 설정하였다. 리우+20 정상회의에서는 현 세대는 물론 미래세대의 삶까지 생각한 '우리가 원하는 미래Future We Want'라는 정상 선언문이 채택되었고(이재준, 2012a), 지속가능 발전을 이루기 위한 주요 도구로써 특별히 '녹색경제'를 강조하였다. 지속가능한 발전을 위해서는 전 세계가 저탄소의 자원효율적 경제로의 방향 전환이 필요하다는 것을 천명한 것이다.

위에서 살펴본 것처럼, 그동안 지속가능한 발전의 개념은 그 시대 정신을 반영하며 끊임없이 변천해 왔다. 그러나 지속가능한 발전에 대한 구체적인 공론화는 상대적으로 충분히 이루어지지 않았다. 따라서 도시정책에 경제, 사회, 환경을 어떻게 조화시킬 것인가에 관한 구체적인 방법과 기준을 놓고 그동안 많은 논쟁과 갈등이 있어온 것이 사실이다.

2012년 리우+20Rio+20의 '우리가 원하는 미래The Future We Want'를 근거로 지속가능한 발전의 개념을 세 가지로 정리해보겠다(이재준 외, 2015).

첫째, 인간은 생태계의 한 종에 불과한 '생명적 존재'이다. 인간과 자연은 공생할 수 있는 환경적 지속성을 갖도록 서로의 '생태적 지속성' ecological sustainability을 존중하여야 한다. 도시개발과 보전을 위한 판단기준은 인간의 효용만이 아니라 생태계의 안정과 균형까지도 배려되어야 한다. 즉, 도시개발은 환경이 지탱할 수 있는 수용력capacity의 범위 내에서 이루어지거나 복원되도록 노력하여야 한다.

둘째, 인간은 사회적 존재이다. 사회구성원간의 공생에 입각한 '사회적 지속성social sustainability'이 추구되는 시민도시여야 한다. 따라서 지속가능한 도시는 지역, 인종, 계층 간에 공익을 위한 시설과 서비스가 공평하게 이루어져야 하며 주민자치와 분권의 다층적 거버넌스가 형성되어야 한다.

셋째, 인간은 세대世代간의 공생을 추구하여야 한다. 우리가 살고 있는 공간이 현세대뿐만 아니라 미래세대의 생존 기반임을 인식하여 '경제적 지속성'economical sustainability을 이룰 수 있는 '에너지와 자원 절약형 도시'로 유지·발전시켜야 한다. 현세대의 욕망을 위해 지나치게 많은 토지와 자원을 소비하지 않도록 절제하는 녹색경제 도시 시스템을 갖추어야 한다.

> **"**
> 국가정상에서부터 NGO에 이르기까지, 현대사회에서 가장 많이 논의되는 용어는 '지속가능한 발전'이다. 이는 그 시대정신을 반영하며 끊임없이 변천해왔다.
> **"**

지속가능한
도시를 위한
스무 고개

인류 발전에서 가장 중요한 것은 성장의 속도가 아닌 성장의 질이다(Clark, 2012). 즉, 빨리 성장하는 것보다 잘 성장하는 것을 목표로 할 때 더 나은 결과를 얻을 수 있는 것이다. 성장의 질을 고려하면서 발전하는 성공적인 지속가능한 도시는 세 가지 요소가 균형을 이루고 있다. 먼저 환경적으로 지속가능하고, 경제적으로 실현 가능하며, 사회적으로 모든 주민들이 참여해 건강과 행복을 극대화할 수 있는 조화로운 사회와 대중문화를 갖고 있다(Lye & Cheng, 2010). 어떠한 도시가 지속가능한 도시가 되기 위해서는 이 모든 요소들이 반드시 공존해야 한다. 필자는 지속가능한 도시를 위한 보다 구체적인 원칙을 도출하기 위해 OECD(1998), 이재준(2011), Clark(2012), Lehmann(2013), 한국지속가능발전센터(2013) 등을 참고해 다음과 같이 20개의 원칙을 정리하였다. 이 20개의 지속가능한 도시의 원칙은 기존 도시를 환경과 경제, 사회적인 측면에 있어 지속가능하게 변화시킨 개념적 모델이다. 이 원칙들은 기본적이고 총체적인 것으로서, 통합적이며 협력적으로 적용되어야 한다(이재준 외, 2015).

원칙 01 | 거버넌스와 리더십

지방자치의 가장 큰 힘이 되는 시민들과 함께 공공-민간 파트너십을 구축해 도시정책의 변화를 촉진하고, 공동체 집단과 비정부 조직의 참여를 유도하여 거버넌스를 위한 지속가능한 방안을 적용한다. 여기에는 정치 지도자의 장기적 비전과 지속가능한 약속을 포함한다.

원칙 02 | 재정 건전성 확보

초 저성장시대에 재정 건전성을 위협할 수 있는 정치 지도자의 선거공약, 정책사업, 지방채 발행의 타당성을 충분히 검증한다. 재정 투·융자 심사제도를 꼼꼼히 손질하고 주민참여예산제와 같은 직접 민주주의적 요소들을 통해 감시와 견제를 지속해야 한다.

원칙 03 | 지방분권 강화

효율적 도시 관리운영과 자주적 지방분권을 위해 도시의 과세 자주권과 포괄보조금 제도를 도입한다. 교육 자치와 자치경찰제 도입, 지방의회 권한 강화, 지방정당 설립 등을 통해 지방정치를 활성화하여 합리적이면서 내생적인 지방분권을 정착시킨다.

원칙 04 | 공공 갈등관리

이해당사자가 참여하는 갈등관리 시스템을 구축한다. 공공 갈등관리 협의체를 구성하고 교육기관을 통해 갈등관리를 전문으로 하는 인재를 양성하여 사전에 갈등을 점검하고 예방해, 국내총생산GDP의 30%에 육박하는 갈등으로 인한 사회적 비용을 감소시킨다.

원칙 05 | 문화유산 보전

지속가능한 도시는 안전하고 건강한 도시, 공공 보건 및 문화적 정체성을 지닌 도시이다. 역사적 의의가 높은 문화유산을 철저히 보전함과 동시에, 건축규제 완화를 통해 적응적 재사용 또한 촉진한다. 지역사회 공동체에 자문을 구하고 문화유산 보전에 대한 시민 참여와 관심을 유도한다.

원칙 06 | 따뜻한 복지

도시특성에 적합한 복지유형과 내용을 선별하되, 시민 누구나 혜택을 받을 수 있도록 교육, 의료, 주거, 생계지원 등 따뜻한 복지를 집행한다. 복지재정은 사회 구성원의 합의를 통해 도시재정의 30% 내외 정도로 집행한다.

원칙 07 | 교육과 지식 공유

정치지도자, 공무원, 시민 모두를 위한 교육과 훈련을 마련한다. 지속가능한 생활습관을 촉진하고, 더 적은 소비에 긍정적인 영향을 미치는 장기적 행태에 인센티브를 제공한다. 도시재정의 3% 이상을 교육과 혁신에 투자하고 낭비적 소비를 권장하는 정책을 폐지한다.

원칙 8 | 마을만들기 촉진

주민 스스로 삶의 터전을 만들고 가꾸어 나가는 시민운동으로서 마을만들기를 정책화한다. 도시 특성에 따라 조직과 제도를 지원해 주민들의 자발적인 참여로 마을을 조성하고 도시의 정체성을 회복한다. 도시재정의 1% 이상을 투자한다.

원칙 9 | 자족기능 육성

도시의 기능과 성격에 따라 시설산업형, 지식기반형, 관광산업형 등 지속가능한 도시의 자족 산업을 육성하고 인근 도시와 연계한다. 새로운 산업을 유치할 경우, 주변의 지역 네트워크 형성을 고려하여 집적화를 유도한다.

원칙 10 | 골목경제 활성화

마을공동체에 산재해 있는 각종 역사, 문화, 자연자원 등을 이용해 안정적인 소득과 일자리를 창출할 수 있는 마을기업이나 협동조합, 두레관광 등을 개발하여 골목경제를 활성화한다. 도시재정의 0.1% 이상을 투자한다.

원칙 11 | 기후변화와 맥락

도시 기후와 생물의 지역적 분포에 맞는 도시개발을 추구한다. 도시의 기후톱 및 바람장 분석, 열적외 영상 촬영 및 열환경 분석 등을 통해 기후변화에 대응하기 위한 기후 지도를 작성하고, 생물상과 생태적 특성에 따른 비오톱 맵을 작성하여 도시를 관리한다.

원칙 12 | 압축적 토지 이용

도시의 외연적 확산을 방지하고 압축적으로 토지를 이용한다. 자동차 이용 억제, 보행 및 대중교통 활성화, 이동 거리 최소화 등을 실현하여 에너지 소비와 이산화탄소 발생을 억제한다.

원칙 13 | 생태교통수단 확대

제대로 된 공공 공간 네트워크와 효율적이면서 환경에 영향을 적게 미치

지속가능한 도시 Sustainable City		
거버넌스와 리더십 지방분권 강화 공공 갈등관리 문화유산 보전 따뜻한 복지 교육과 지식 공유 마을만들기 촉진	기후변화와 맥락 생태교통수단 확대 카쉐어링 확대 녹색공간 확대 폐기물 제로 수자원 관리 도시농업 육성	재정건전성 확보 자족기능 육성 골목경제 활성화 압축적 토지이용 에너지 탈탄소화 녹색건축 조성
사회적 지속성 social sustainability	환경적 지속성 environmental sustainability	경제적 지속성 economical sustainability

지속가능한 도시 원칙 간의 상호관계

는 생태적 이동수단을 실현한다. 도시재정의 5% 이상을 대중교통에 투자하고 짧은 배차간격의 트램과 버스, 안전한 보도와 자전거 네트워크를 구축하여 다중 모드 대중교통 시스템을 정착시킨다.

원칙 14 | 카쉐어링 확대

도시 내 주요 지점에 카쉐어링 전용 주차장과 렌트장을 확보한다. 차고지 증명제, 도심교통세 도입, 카프리car-free 존, 카풀제, 시차제 출퇴근, 재택근무 등 다양한 교통수요 관리정책을 병행한다.

원칙 15 | 녹색공간 확대

환경적 보전가치가 높은 지역을 생태거점으로 설정하고 이와 연결하여 탄소흡수 공원 및 탄소 숲 등을 조성하거나 도로변 녹화, 옥상 및 지붕 녹화, 벽면 녹화 등 녹지공간을 최대한 확보한다.

원칙 16 | 에너지 탈탄소화

2030년을 목표로 도시 내 태양열, 태양광, 바이오 에너지, 풍력, 조수력, 지열, 해양에너지, 폐기물 에너지 등 신재생 에너지와 연료전지, 석탄 액화 및 가스화, 수소 에너지 등의 비중을 20%까지 증가시킨다.

원칙 17 | 폐기물 제로

폐기물 관리와 자원 회수 시스템을 정착시켜 자원 순환형 도시를 구축한다. 폐기물 제로를 위한 아이디어와 계획을 실천한다. 자원 회수율을 100%까지 끌어올리고 더 이상의 매립은 중단한다.

원칙 18 | 녹색건축 조성

건물(가정 및 상업부문) 부문의 온실가스 감축 잠재량을 총 예상발생량BAU의 40% 정도로 잡고 2030년까지 심도 있는 녹색건축 설계전략을 채택한다. 제로탄소주택Zero Carbon House을 목표로 에너지 절감형 건물 설계와 주택 단열을 추진한다.

원칙 19 | 수자원 관리

폐수를 누출 없이 깨끗하게 정화하고 수자원을 안정적으로 확보한다. 절수시스템, 중수gray water, 폐수 재활용을 통해 1인당 1일 물 소비량을 200리터 이하로 줄인다.

원칙 20 | 도시농업 육성

자연과 공존하면서 자급자족은 물론 주민참여와 고용창출까지 담보할 수 있는 도시농업을 육성한다. 도시공동체가 함께 참여할 수 있는 텃밭, 정원 등의 농업테마공원을 만든다. 식량 생산을 위한 도시 배후지를 확보하고, 도시와 자연 생태의 연계성을 복원한다.

나는 서울보다 수원이 좋다

2

주인에게
도시를 돌려주다

지속가능한 도시 정책은 경제적, 사회적, 환경
적 지속성을 고려한 총체적 해결책을 찾기 위해
노력하는 다양한 이해관계자들의 참여와 협력
이 필수적이다(이재준, 2013h). 정책 개발을 위한 초기 아이디어 및 정보 수
집 단계에서부터 실제 사업 추진에 이르기까지 이해관계자들이 참여하는
좋은 거버넌스가 필요하다. 정책의 이해관계자는 정치 지도자와 모든 공

무원, 그리고 NGO 및 NPO 조직, 언론, 노동조합, 종교조직, 기업, 남성과 여성, 빈자와 부자 등의 모든 시민사회를 포함한다. 이러한 정책의 이해관계자들은 서로 다른 욕구를 가진다. 예를 들어 마을에 텃밭을 조성할 때는 광범위한 자문을 구할 필요가 없으나, 도시 전체에 걸친 교통수단을 통합하여 차 없는 마을이나 무가선 트램으로 도시교통을 변화시키고자 할 때에는 다양한 조직과 이해관계자들의 의견을 반영하고 이들을 참여시키는 일이 필수적이다(이재준, 2015).

시민도시란 시민 스스로 삶의 터전을 만들고 각종 도시정책을 계획하거나 집행하는 일에 다양한 이해관계자들이 직·간접적으로 참여하는 도시모델을 말한다. 이것을 시민운동 쪽에서는 '생활정치'라는 말로 표현하기도 하는데, 진정한 정치는 일상생활에서부터 시작되어야 한다는 의미를 담고 있다. 시민참여는 참여과정에서 교육을 통해 자연스럽게 전문적인 역량을 증대시킬 수 있기 때문에, 지속가능한 도시발전을 효과적으로 추구할 수 있다는 장점이 있어, 주민자치의 시민도시에 대한 욕구와 기대는 더욱 분출될 것으로 보인다(이재준, 2015).

일부 지방자치단체에서는 이미 시민참여의 욕구를 보다 잘 충족시켜줄 수 있는 다양한 도시정책을 추진하고 있다. 시민의 집단지성이 결합해 주민 스스로 마을을 개선하는 마을만들기, 시민이 주도하고 행정이 지원하는 재개발·재건축 등 도시재생사업, 시민이 참여한 친환경 도시만들

2030 수원도시기본계획에 대한 비전을 공유하고 만들어간 수원시 시민계획단

기 등 다양한 도시정책을 시민의 눈높이에 맞춰 추진하고 있다. 전문가, 정치가, 행정가에 의한 밀실행정보다는 대중의 지혜를 빌린 도시정책을 추진하고 있는 것이다(이재준, 2011).

이해관계자들이 참여하는 시민도시 정책은 여러 가지 이점이 있다 (오성훈 · 남궁지희, 2011). 먼저 이해관계자들의 참여는 지역의 현황과 요구, 가치관 등에 대한 지식과 지혜를 얻을 수 있는 원천이 된다. 대상지에 생소한 전문가들 보다는, 현안의 당사자들이 무엇이 문제인지 더 잘 알고 있는 경우가 많다. 이용 주체나 이해당사자의 의견을 보다 직접적으로 정확하게 반영함으로써 정책이나 의사결정의 합리성과 효과를 증진할 수 있다. 또한 공동체의 이해와 동의를 통해 정책의 대표성과 정당성도 확보할 수 있다. 이는 향후 집행 과정에서의 추진력으로 작용하게 된다. 참여와 협력을 추진하는 과정은 참여 의지와 역량을 가진 핵심 주체들이 나타나거나 지역 자산의 가치가 새롭게 평가되는 등, 잠재된 지역의 인적 · 물적 자원들이 발굴되고 서로 연계되는 계기가 된다. 아울러 소통을 통해 합의에 이르는 공동의 경험은 공동체의 역량을 증진하는 사회적 학습의 기회가 되어, 향후 다른 종류의 문제가 발생할 때에도 유기적인 효율성을 발휘할 수 있게 해준다. 이러한 과정을 거친 결과물은 공공의 업적이 아닌 공동의 성취로 인식되므로, 그에 대한 지역 공동체의 주인의식과 애착이 형성 혹은 강화될 수 있다.

그런데 이해관계자가 참여한다고 그 자체로 주민자치의 시민도시

청소년계획단

가 완성되는 것은 아니다. 진정한 의미의 시민도시가 되려면 무엇보다 지속가능한 도시발전에 대한 비전을 함께 공유해야 한다.

왜 시민이 도시를 만들어야 하나?

지금과 같은 자본주의 경제 체제하에서 정부의 기본적인 역할은 사유재산 보호에 있다는 점에는 이론의 여지가 없다. 그러나 도시정책은 직·간접적으로 시민들의 사유재산에 커다란 영향을 미치며, 경우에 따라서는 사유재산을 침해하기도 하고 재산권 행사를 제한하기도 한다. 이렇게 자본주의의 근본에까지 영향력을 행사하는 도시정책은 과연 누가 결정해야 할 것인가. 이는 원칙적으로 도시의 주인인 시민이 결정할 사항이다. 그러나 모든 정책적 결정을 할 때 마다 시민들의 의사를 일일이 물어볼 수는 없다. 기술적으로도 불가능하고 시간과 비용이 너무 많이 들기 때문이다. 때로는 엄청난 갈등을 유발하기도 한다. 이는 4년마다 치르는 선거를 생각하면 쉽게 이해할 수 있다. 이런 이유들 때문에 중요한 도시정책을 결정할 때 시민들이 자신의 권한을 정치가(시장이나 시의원)나 행정기관에 위임하게 되고, 오직 위임받은 정치가와 기관만이 주인의 대리자로서 도시정책 결정에 대한 합법성을 가져왔다.

정치가의 생명은 자신을 대표로 선출해 준 선거구 유권자들의 계속적인 지지에 달려있다. 따라서 정치가는 선거구 시민들이 원하는 문제의 해결에 정책의 우선순위를 부여한다. 이러한 속성 때문에 정치가는 도시정책 결정과정에서 경제적 효율성이나 객관적 합리성 보다는 정치적 효율성 또는 분배에 더 많은 노력을 기울이게 되고, 사회적 공평성에 근거하기 보다는 이익집단의 이해타산에 근거한 타협을 강조하게 된다. 다시 말해, 한정된 자원을 배분함에 있어서 자신의 지지기반의 이해관계가 집중되는 문제에 정책의 초점을 맞추고, 그 쪽으로 유도해나가는 협상전략을 통해 합의를 이끌어 내는 것이다.

그러나 도시정책은 제한된 자원의 효율적인 배분과 도시전체의 형평성을 기준으로 해야 한다. 객관적인 입장에서 도시전체의 모든 계층을 고려하여 의사결정이 이루어져야 한다. 이를 위해서는 누구보다도 시민들이 직접 나서서 도시정책이 효율적으로 추진될 수 있도록 정치가를 철저하게 감시하고 견제해야 한다. 시민참여의 당위성이 바로 여기에 있다.

> 경우에 따라서 사유재산과 재산권을 침해할 수 있는 도시정책은 과연 누가 결정해야 할 것인가. 이는 원칙적으로 도시의 주인인 시민이 결정할 사항이다.

도시경제학자 리처드 플로리다Richard Florida는
도시의 창의적 발전은 그 도시를 구성하는 창의
적 인재에 의해 결정된다고 주장한다. 그런데
과연 도시의 창의적 발전은 그의 말대로 창조계급이라는 특정 부류에 의
해서만 이루어지는 것일까? 그렇지 않을 것이다. 물론, 뒤에서 살펴볼 꾸
리찌바의 경우처럼, 창의적 아이디어를 지닌 리더십이 도시의 창의적 발
전에 결정적인 역할을 할 수도 있다. 하지만 결과적으로 봤을 때, 꾸리찌
바 역시 일반 대중들의 힘이 모이지 않았다면 그만한 성과를 이룩하지 못
했을 것이다. 그만큼 시민들의 자발적인 참여의 힘은 매우 중요하다.

　　우리나라는 1991년 지방의회 선거 부활을 통해 지방자치 제도가
본격적으로 시행되어 왔다. 그러나 아직도 지방자치의 주체가 되어야 할
시민들이 소외되고 있는 것이 사실이다. 제도는 마련되어 있지만, 민주주
의 사회의 핵심으로 평가되는 자치와 분권이 여전히 자리 잡지 못한 것이
다. 이를 반영하는 연구 결과가 있다. 2012년 잉클하트R. Inglehart와 웰젤
C. Welzel 등의 논문에 의하면 효과적 민주주의 지수EDI로 계산된 우리나라
민주주의 수준은 100점 만점에 53점으로, 180개 나라 중 53위로 평가되
었다. 또한 2015년 세계경제포럼WEF의 조사결과를 보면, 한국의 국가경
쟁력은 2004년(29위) 이후 가장 낮은 26위에 랭크되었다. 이러한 결과들은
자치와 분권의 차원에서 볼 때 한국의 정치수준은 아직 충분히 성숙하지

못했다는 것을 단적으로 보여준다.

자치와 분권 차원에서 평가한 정치수준이 높은 나라에는 영국과 미국을 비롯한 여러 국가들이 있으나, 가장 선진적인 곳은 단연코 스위스다. 스위스는 1년에 20회에서 30회에 이르는 시민투표를 실시할 정도로 직접민주주의에 가까운 정치수준을 보이고 있다. 또한 주민들이 거주하는 마을의 대소사를 마을위원회에서 직접 심의하여 결정할 정도로 상향식 자치와 분권이 매우 잘 정착되어 있다. 이러한 상향식 자치와 분권에 힘입어, 스위스는 2015년 국가경쟁력 세계 1위WEF, 1인당 보유주식 세계 1위를 차지할 만큼 세계 최고의 선진성과 높은 삶의 질을 보여준다.

국가경쟁력과 삶의 질을 높이기 위해서는 스위스와 같은 시민참여에 의한 상향식 자치분권의 정착이 필요하다. 우리도 시민들이 자발적으로 정책 결정이나 정치적 현안에 관심을 갖고 직접 참여할 수 있는 주민자치의 시민도시를 만들어야 한다(이재준, 2013a).

시민의
힘은
어디까지일까?

그렇다면 주민자치를 위한 시민의 힘은 어디서 생기는 것일까? 우선 프랑스 혁명과 같은 시민혁명을 통해 획득한 시민의 힘을 생각할 수 있다. 권력과 싸워서 쟁취한 시민들이 그 힘을 바탕으로 주민자치를 이룰 수 있는데, 서구 선진국들의 주민자치 역사가 이를 잘 보여준다. 우리나라에

국가경쟁력 세계 1위(WEF), 1인당 보유주식 세계 1위를
차지하고 있는 스위스 제네바

도 이와 유사한 시민혁명이 있었다. 4.19혁명이나 광주 민주화운동, 6월 민주항쟁, 촛불집회 등을 통해 우리는 시민의 힘을 경험했다. 이러한 시민의 힘은 크고 작은 선거를 통해 자신들의 정치적 뜻을 극명하게 표출하기도 한다. 그러나 아직 시민의 힘을 통한 주민자치의 시민도시를 실현하는 데에 있어서는 부족한 점이 많은 게 사실이다. 우리나라는 여전히 중앙집권적이고, 지방의 경우에도 기득권 토호세력이 중심을 이룬다. 이 위에 서구로부터 받아들인 대의민주주의 시스템을 얹어 놓았기 때문에, 시민들이 실질적으로 권리를 행사해본 적이 없다. 그러나 전 세계에서 우리나라처럼 교육열이 높은 나라도 없다. 80년도에는 20%에 불과했던 대학 진학률이 지금은 80%를 넘어서고 있다. 이런 교육의 힘을 통해 우리나라도 조금씩 변화되어가고 있다.

그렇다면, 과연 시민의 힘은 어디까지 가능할까? 최근 일어난 '자스민Jasmin 혁명'에서 우리는 시민 대중의 거대한 힘을 엿볼 수 있다. 수십 년 철권통치에 신음하던 튀니지 민중들에게서 시작된 자스민 혁명은 이집트와 리비아, 시리아 등 중동지역의 민주화는 물론 중국과 아시아 등 다른 대륙의 정치경제 현실에까지 그 영향력을 미치고 있다. 자스민 혁명의 핵심에는 대중의 욕구 분출을 도와 준 트위터와 페이스북 등 소셜 네트워크 서비스SNS가 있었다. 만약 SNS가 없었다면 튀니지에서 시작되어 중동으로 번진 민주화 열기가 지금처럼 체계화된 대중의 욕구 분출로 이어지는 것은 불가능했을 것이다. 대중의 집단지성은 이와 같이 다양한 첨단정보기술과 함께 진화해가면서 점점 세상을 지배할 것으로 예측된다. 앞으로 정치나 행정 분야에서 보편타당한 진리를 갖고 있는 다수의 지혜를 모아 최선의 선택을 찾아가는 움직임이 두드러질 것으로 보인다(이재준, 2012b).

지구에서 가장
올바른 도시,
브라질
꾸리찌바

시민도시에 대한 이상적인 모델은 브라질 꾸리찌바Curitiba 시에서 찾을 수 있다. 지난 2012년 6월 리우선언 20주년을 맞이해 열린 리우+20 국제회의 참석차 브라질을 방문했다가 꾸리찌바를 다시 찾았다. 연구차 방문했던 2003년에 이어 10년 만에 이루어진 세 번째 방문이었다.

국내에도 여러 차례 소개되어 많은 사람들이 잘 알고 있는 꾸리찌바는 버스 중심의 싸고 편리한 교통체계, 보행자 천국, 충분한 녹지, 공간의 효율적인 사용, 쓰레기 처리와 재활용, 어린이와 가난한 이를 위한 복지 등 우리가 배울 것이 많은 국제적인 도시다. '지구에서 환경적으로 가장 올바른 도시', '세계에서 가장 창의적인 도시'로 알려진 그곳에서 필자는 국제적으로 성공한 꾸리찌바의 시정市政을 직접 경험하였으며, 도시 곳곳의 현장을 돌아다니며 많은 것을 느끼고 배울 수 있었다.

지금은 이렇게 국제적인 환경수도로 발전한 꾸리찌바지만, 사실 1960년대까지만 해도 제3세계 국가의 여느 도시들처럼 과반수의 문맹자와 도시빈민, 그리고 급속한 공업화로 인한 환경문제 등 여러 도시문제를 안고 있는 최악의 도시였다. 그러다가 1970년대 이후 도시와 환경에 대한 강력한 리더십을 지닌 자이메 레르네르Jaime Lerner 시장과 그와 정치적으로 뜻을 같이하는 결사체의 창조적이고 헌신적인 노력으로 꾸리찌바는 점차 변화하기 시작했다(이재준, 2013b; 이재준, 2012c).

그러나 꾸리찌바가 오늘날과 같은 세계적인 꿈의 도시가 된 데에

원탁토론 현장에서 우리 청소년들도 시민으로서의 힘을 보태주고 있다.

는 창조적인 리더십의 노력만 있었던 것은 아니다. 시작은 자이메 레르네르 시장과 그의 정치적 결사체였지만, 이를 실현한 주체는 꾸리찌바 도시계획연구소IPPUC와 공무원, 그리고 시정에 직접 참여한 시민들이었다. 그런 점에서 볼 때 꾸리찌바 시 행정에서 가장 눈에 띄는 부분은 시민을 행정의 중심에 두는 친親시민정책의 실천이다. '도시의 주인은 시민이다'라는 인식에서 비롯된 정치적 신념이 행정원리나 전문지식보다는 시민들의

'지구에서 환경적으로 가장 올바르고, 가장 창의적인 도시' 브라질 꾸리찌바

나는 서울보다 수원이 좋다

상식과 입장에 기초한 정책을 이끌어냈고, 가난한 빈민과 소외계층을 위한 정치가 펼쳐졌다.

여기에 환경 중심의 도시정책이라는 강력한 비전이 함께했다. 꾸리찌바가 가장 이상적인 생태도시로 발전한 것은 환경 중심의 도시정책을 지속적으로 펼친 덕분이다. 먼저 0.5㎡/인 정도였던 공원녹지면적을 65㎡/인 정도로 확대할 만큼 도심 속 녹지를 풍부하게 확보하는 일에서부터 시작했다. 그리고 쓰레기를 자원으로 인식하여 철저하게 분리해 재활용하였으며, 특히 도시계획과 교통을 결합하여 대중교통 중심의 녹색교통시스템을 정착시키는 등 다양한 환경정책들을 실천했다. 그런 노력으로 꾸리찌바는 1990년 국제에너지보존기구에서 최고상을 수상하였고, UN으로부터 환경과 자원재생산에 대한 뛰어난 업적을 인정받는 등 국제적인 명성을 얻게 되었다(이재준, 2012c).

꾸리찌바의 성공요인은 혁신적인 아이디어를 가지고 적은 재원으로 시민의 삶의 질을 높이는 복합행정에서도 찾을 수 있다. '낭비와의 전쟁'이라는 구호 아래 대규모의 개발 사업이나 전시행정의 성격을 띠는 물리적 사업을 지양하고, 대신 가능한 한 신속하고 비용이 적게 드는 다목적 복합행정을 실현하여 꾸리찌바는 환경적 측면에서 뿐만 아니라 경제적 측면에서도 살기 좋은 도시가 된 것이다. 예산절감 차원에서 외자유치를 통해 기존 도로망을 이용하면서 지하철처럼 빠르고 편리한 장점을 가지는 버스 중심의 대중교통체계를 구축한 것이 대표적인 예다. 또한 신도시 개

발사업보다는 예산이 적게 들면서 도시균형발전에 도움이 되는 도심재생 사업이나 재활용 사업에 역점을 둔 것도 성공적인 행정으로 평가된다.

　　이처럼 꾸리찌바는 시민도시가 갖추어야 할 여러 가지 요소를 두루 갖추었다는 점에서 우리에게 시사하는 바가 크다. 꾸리찌바처럼 리더십과 정치적 결사체의 헌신적인 노력을 통해 서민을 위한 환경 중심의 도시정책이나 저비용의 복합행정을 추진한다면, 우리도 얼마든지 주민자치의 시민도시의 꿈을 이룰 수 있다.

대중교통의 핵심, 굴절버스와 원통형 정류장 (출처 : 수원시 포토뱅크)

허재완

· 중앙대학교 교수 ·
· 전 대한국토도시계획학회장 ·

되돌림

;

모든 권력은 시민으로부터 나온다는 민주주의 원칙에
입각해 볼 때 시민참여형 도시계획은 기존의 잘못된 관행을 원위치로 되돌리는
지극히 당연하고도 자연스러운 흐름이다.

3

시민이 움직인다

통계학과 유전학의 대가인 영국의 과학자 프랜시스 골튼Francis Golton은 소수 엘리트가 사회를 발전시킨다고 확신하며 살았다. 그러던 그는 1907년 영국의 플리머스 지역에서 열린 가축품평회장에 방문하여, 소牛의 무게를 알아맞히는 대회를 통해 대중의 판단에 대한 새로운 경험을 하게 된다. 이 대회에 참가한 800여 명이 적어낸 1197파운드라는 추정치와 실제 소의 무게 1198파운드가 거의 완벽하게 일치되는 놀라운 사건을 목격

한 것이다. 이는 제임스 서로위키James Surowiecki의 〈대중의 지혜〉라는 책에 나오는 내용으로, 평범한 대중들이 뛰어난 엘리트보다 얼마나 현명하고 정확한 의사결정을 내릴 수 있는지를 보여주는 대목이다(이재준, 2011).

현대사회에서 대부분의 사람들은 소수 엘리트의 지식이 대중의 판단보다 가치 있다고 생각한다. 전문가만 찾으면 문제가 해결될 것이라 믿

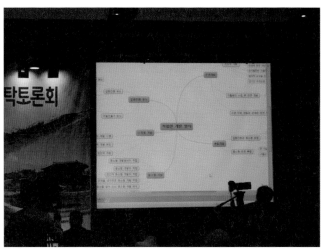

원탁토론에 참여한 시민들의 의견을 실시간으로 종합정리하고 있는 모습(좌)과
마인드 맵 프로그램을 통해 정리된 내용(우)

고, 그들의 의견을 따라야 한다고 생각한다. 그러나 이 책은 소위 엘리트 전문가의 말만 믿고 행동하면 엉뚱한 데 비용을 낭비할 수 있다고 꼬집으면서, 누가 엘리트인지 찾아다니기보다는 대중에게 답을 물어보는 것이 현명하다고 말한다. 이는 '개인이 할 수 없는 일을 집단은 가능케 한다'는 집단지성集團知性, Collective Intelligence의 개념에 뿌리를 두고 있다. 몇몇 사람의 머리보다는, 서로 소통하면서 협업하는 대중의 지혜를 통해 문제가

해결될 수 있다는 뜻이다(이재준, 2011). 이러한 대중의 지혜, 즉 시민참여는 현대 도시정책의 필수요소다.

우리가 쉽게 이해할 수 있는 '집단지성集團知性, Collective Intelligence'의 사례는 곤충 세계에서도 찾아볼 수 있다. 개미를 관찰해보면, 한 마리 한 마리의 움직임은 매우 무질서하고 별 의미 없는 듯 보인다. 그러나 먹이를 발견하면 어디에 있었는지 많은 개미 떼가 달려들어 각자 집을 오가며 먹이를 나르기 시작한다. 그리고 웬만큼 시간이 흐르면 개미들은 자연스럽게 집까지의 가장 짧은 경로로 줄을 이루어 먹이를 운반하는 것을 볼 수 있다. 이런 개미들의 사회적 행동을 관찰하면서, 1910년 하버드대 교수 윌리엄 모턴 휠러William Morton Wheeler는 처음으로 '집단지성'이라는 개념을 제시했다. '집단지성'이란 여러 개체들이 서로 협력하고 경쟁해 달성하는 집단적 능력을 의미한다. 다양한 사람들로 구성된 집단에서 집단지성은 전문가의 견해보다 더 정확한 예측이나 답을 찾을 수 있다(이재준, 2012b).

인간 사회에서 집단지성이 정점에 달해 꽃을 피우는 시점은 시민혁명이 일어나는 순간이다. 자기희생을 감수하면서까지 공익을 위해 투쟁하는 시민들의 하나 된 힘이 부조리를 타파하고 사회를 개혁한다. 그러나 혁명은 시민사회가 극도로 혼란한 상황일 경우 발생하는 것이고, 그러한 혼란으로 가기 전 일상의 생활에서는 자치와 분권을 위한 집단지성의 힘으로 발휘된다. 미래를 이끌어갈 핵심 키워드로 부상한 '집단지성'의 힘을 이용한다면 시민도시 건설에 한 발 더 다가갈 수 있을 것이다.

시민의 힘,
현장에서
체감하라!

필자는 오랜 시간 학자로서 시민단체에서 활동하였다. 도시계획 전문가로서 경실련 도시개혁센터 등 시민단체에 몸담으며 지방자치 시대의 시민참여 문제를 고민해 온 필자 역시, 사실 처음에는 시민참여가 정책 추진과정에서 적용 가능한 것인지에 대해 회의적인 생각이 들 때가 많았다. 어쩌면 그것이 전문가의 한계인지도 모른다. 그러다 행정가가 되어 직접 시민들을 만나고 그들과 함께 다양한 실험과 경험을 하게 되면서 생각이 많이 달라졌다. '아, 할 수 있구나. 직접 해보지 않으면 알 수 없는 거구나.' 라고 느끼게 되었다.

무엇이 생각의 변화를 가져온 것일까. 그것은 바로 시민들이 보여준 집단지성의 힘이다. 시민 개개인의 지성은 전문가보다 못할지 모르지만 시민들이 모여서 내가 사는 마을, 내가 사는 도시를 위해 무엇이 필요한지를 고민하면 그 어떤 전문가도 생각하지 못했던 현장감 있는 기발한 아이디어들을 쏟아낸다. 물론 다듬어지지 않은 원석과 같은 시민들의 아이디어를 다듬고 보충해 쓸 만한 보석으로 만들어내는 일은 전문가와 그것을 직접 집행하는 행정가들의 몫이지만 말이다.

현장에서 확인한 시민참여 도시정책의 미래. 시민참여 도시대학 프로그램

나는 서울보다 수원이 좋다

필자는 시민주도형 도시계획의 첫 실험무대라고 할 수 있는 스튜디오형 도시대학을 이미 10여 년 전 경험하였다. 당시만 하더라도 아직 시민 참여 정치에 대한 인식이 부족했고 여건도 조성되지 않았던 터라 중앙정부는 물론이고 지자체들도 꽤나 낯설어했다. 그러나 1992년 브라질 리우데자네이루에서 개최된 유엔환경개발회의(리우지구정상회의)에서 '리우선언'과 '아젠다21'이 채택된 이후 국내에서도 '전국 지방의제21'이라는 협의체를 중심으로 지속가능발전을 위한 지역 활동이 시작되는 등 시민사회 중심으로 점차 긍정적인 분위기가 조성되고 있었다.

그 즈음 필자는 경기의제21의 제안으로 전국 최초로 시민참여형 도시대학 프로그램을 맡아서 진행하게 되었다. 통상 도시대학은 관심 있는 시민들이 모여서 초청강사의 강의를 듣거나 서로 토론하는 강좌형이 일반적이다. 10여 년 전에 시작한 첫 번째 도시대학 역시 통상적인 강좌였다. 강좌가 끝나고 전체 도시대학 프로그램이 종료하였을 때 참여한 시민들의 관심영역은 넓어졌지만, 실질적인 생산성은 별로 없었다. 그래서 고심 끝에 아이디어를 내었는데, 통상 도시 및 건축, 조경학을 전공하는 대학에서 커리큘럼으로 운영하는 스튜디오형 도시대학을 운영하자는 것이었다. 스튜디오형 도시대학은 시민들이 마을과 도시 단위로 팀을 구성해 자신이 사는 마을과 도시의 문제들을 직접 들고 나와 지도교수와 함께 문제 해결을 위한 대안을 마련하는 프로그램이다. 5~8주 정도의 시간 동안 시민들의 다양한 생각들은 전문가의 도움으로 구체화되었고, 막연하게만 생각되던 시민 참여 도시정책의 밑그림이 서서히 그려졌다.

이는 참여한 시민이나 전문가들 모두에게 놀라운 경험이었다. 문제점만 지적하던 시민들도 직접 대안을 찾고 이것을 도면화하면서 자신감과 자부심을 갖게 되었다. 전문가로서 직접 실험에 참여한 필자 역시 시민 참여 도시정책에 대한 확신이 들었다. 당시 국토해양부나 행정안전부, 농림수산부 등 중앙부처가 추진한 다양한 시민 공모사업에서 대부분 스튜디오형 도시대학이 수상을 하였다. 어느 부처에 수상한 결과물이 다른 부처의 사업에서 다시 수상하게 되거나, 해당 지방자치단체의 관심에 힘입어 큰 사업으로 발전하는 결과를 낳기도 했었다. 시민들이 함께 머리를 맞대고 만든 작업들이 눈에 보이는 성과로 나타나니 더욱 고무적이었다.

그 후로 시민 도시대학 모델은 전국적으로 확대되었다. 국토해양부 모델로 발전하거나 경기도, 서울시 모델로 발전하였다. 처음에는 천천히 시작되었지만 어느 순간부터는 우리나라에 스튜디오형 도시대학이 폭발적으로 퍼져나갔다. 시민참여 거버넌스가 우리나라 지방자치제의 핵심과제로 떠오른 현 시점에서 볼 때, 감사하게도 필자는 10여 년 전부터 시민들의 집단지성의 힘을 현장에서 직접 체험하고 경험하였던 것이다.

> 참여한 시민이나 전문가들 모두에게 놀라운 경험이었다. 문제점만 지적하던 시민들도 직접 대안을 찾고 이것을 도면화하면서 자신감과 자부심을 갖게 되었다.

우리는 교육의 중요성에 대해 잘 안다. 시민교육은 자기가 살고 있는 지역에 대한 애착심과 자부심을 불러일으키고 정체성을 고취시켜, 건전하고 발전적인 시민사회를 형성하는 데 기여한다. 다양하고 재미있는 시민교육 프로그램은 자발적으로 시민들이 참여할 수 있는 여건을 제공할 수 있으며, 도시와 마을의 문제를 시민의 힘으로 헤쳐 나갈 수 있는 힘을 길러준다. 특히 도시를 계획하고 집행하는 분야에 있어서는 자연스럽게 상향식 시민참여 모델을 구축할 수도 있다. 최근 시민교육 관점에서 성공적으로 진행되고 있는 중앙과 지방의 다양한 도시대학 시민교육 프로그램(도시재생대학, 뉴타운 시민대학, 경기도 시민대학 등)은 성숙된 시민의식 함양과 시민역량 강화의 좋은 방법이다.

도시대학 시민교육 프로그램은 경기도 시민대학에서 출발하였다. 이는 경기도의제21 사무국이 주관하였는데, 2004년 처음 시작했을 당시에는 시민들을 대상으로 한 강의 중심이었다. 제1회 경기도 도시대학 프로그램에 참여했던 필자는 시민들이 강의를 듣기만 하는 기존의 방식에서 직접 대안을 제시하는 생산적인 교육 프로그램으로 전환되어야할 필요성을 느꼈고, 이에 관해 경기도의제21과 충분한 협의를 거쳤다. 그리하여 2회 경기도 도시대학에서는 필자가 직접 프로그램을 주관하면서 시민들과 스튜디오 형식의 도시대학을 실험했다.

스튜디오 형식의 도시대학을 처음 시도했던 2005년 푸른경기21 도시대학

전문적인 교육과정을 거치지 않은 시민들과의 스튜디오 형식 진행은 모험일 수 있었다.

실험적인 스튜디오 형식으로 진행된 2005년 제2회 경기도 도시대학 프로그램은 대상지 조사 분석, 장단점 분석을 통한 문제해결 방안, 목표와 전략수립, 기본구상, 대안제시 및 평가, 마스터플랜작성 등의 과정으로 기본교육 및 토론을 거쳤다. 시민들의 토론을 유도하고 전문적으로 발전시키기 위해 교수를 각 팀의 리더로 선정하고, 논리적인 정리를 위해 대학원생들을 배치하여 발표 자료를 정리하였다. 팀별 현장조사와 토론 · 실습과정을 거쳐 작성된 결과물을 매주 발표하였고, 최종발표회를 개최하여 우수팀을 시상하였을 뿐 아니라 살고 싶은 도시만들기 정책 사업에 우선권을 부여하여, 참여한 시민들의 적극적인 동기유발을 부여하였다(이재준, 2007a). 실험결과는 성공적이었다.

2005년 경기도 시민대학은 이후 "시민의 손으로 도시를 바꾸자"는 기치 아래 매년 발전을 거듭하였다. 2008년에는 사회적 공감대를 충분히 얻어 국토해양부 후원으로 수도권 및 전국으로 확대 진행되었고, 2010년에는 새로이 조성되는 서울과 경기도 뉴타운 지구의 시민과 입주민을 대상으로 실시되었다. 현재는 중앙의 도시재생대학을 비롯하여 수원, 화성 등 많은 지자체에서 자체 프로그램으로 채택하여 운영하고 있다.

도시대학에 참여한 시민들이 직접 대상지를 계획·설계하고 발표하는 모습

오만하고
무지한 정치를
퇴진시키는
방법

우리나라는 1960년대 이후 '참여적 민주주의 participatory democracy'가 강조되면서 시민참여라는 용어가 정립되었다. 민선 자치시대인 오늘날 시민참여의 중요성은 점점 더 높아지고 있다. 시민참여는 풀뿌리 민주주의적 기능에서부터 보다 전문적인 참여에 이르기까지 여러 가지 형태를 가진다(이재준, 2002). 일반적으로 시민참여는 정부의 정책결정과정에 시민이 주체의식을 가지고 참여하는 것을 의미한다. 시민참여는 사회가 성숙하고 발달할수록 높아지는 기본적인 욕구이다. 이는 민주주의 정치철학과 매우 깊은 관련을 맺고 있는데, 일반적으로 정보의 공개, 정책 결정에의 관여, 행정적 책임기능 등을 담당한다(한상욱, 2007).

시민참여는 다분히 정치적인 행위다. 20세기 프랑스에서도 '도시계획은 정치적 행동이다L'urbanisme est un acte politique'라는 말이 회자되었다. 도시를 바꾸려는 노력들을 모두 정치적 활동으로 해석한 것이다. 여기서 말하는 정치란 권력 지향적이거나 혹은 특정 정당의 정치색을 담은 정치가 아니라, 시민들의 생활을 편리하게 만드는 자치의 의미라고 할 수 있다. '생활 속 자치'로서의 시민참여야 말로 진정한 정치행위이다.

그러나 그동안 우리는 선거를 통해 대표를 뽑아서 그들에게 정치를 맡기기만 했을 뿐, 정치가 제대로 행해지도록 감시하고 유도하는 것에는 관심을 갖지 않았다. 선출된 국회의원들이 민생문제는 뒷전이고 당리

당략에 따라 서로 싸움만을 일삼을 때 손가락질만 해댔지, 시민 스스로 나서서 문제를 바로잡으려고 하지는 않았다. 그것이 우리 시민들의 수준이었다. 만약 시민에게 정치를 제대로 감시하고자 하는 의지가 있고, 더 나아가 자치할 수 있는 능력이 있다면 나태하고 오만한 정치인들의 그릇한 행태는 절대 존재할 수 없을 것이다. 시민의 역량이 커지고 주민자치의 능력이 커진다면 과거와 같은 구태 정치는 자연스럽게 퇴보될 것이다. 이를

위해서도 시민참여는 꼭 필요하다.

지금까지 습관적으로 또한 무의식적으로 써왔던 '우매한 대중'이라는 말은 참여의 경험이 많아질수록 점점 사라지게 될 것이다. 대중의 참여는 시스템으로 정착되고 다양한 정책 사례로 쌓일 것이다. 우리는 빠르게 변화하는 사회에 살고 있으므로, 그에 맞춰 시민참여에 대한 인식도 더욱

집단지성의 힘을 몸소 체험한 생태교통 300인 원탁토론회

빨리 확산되고 자리 잡으리라 생각한다. 서울시를 비롯해 수원시, 청주시 등 여러 도시에서 벌써 정책적으로 시민참여에 대한 시도가 이루어지고 있다. 정책적으로 시도된다는 것은 전국 단위로 발전하게 된다는 것을 뜻한다. 이제 곧 시민참여, 시민자치의 시민도시가 전국적으로 많이 생겨날 것이다.

시민도시로
가는
다섯 계단

새로운 도시정책의 플랫폼으로서 시민 스스로 만들어 가는 시민도시를 추구하는 방법은 다양하다. 그 핵심을 정리하면 다음과 같다(이재준, 2013a).

첫 번째, 시민은 정책을 제안할 수 있다. 정책을 제안한다는 것은 시민 스스로 지방 혹은 중앙정부의 정책을 결정하는 것을 말한다. 고대 그리스 아고라Agora에서 이루어졌던 시민들의 직접 참여가 이제는 인터넷과 소셜 미디어Social Media의 발달에 힘입어 손쉬운 다양한 방법으로 모색되고 있다.

두 번째, 시민은 도시를 계획할 수 있다. 도시의 문제점은 누구보다 그 도시에 거주하는 시민이 잘 알고 있다. 지역 주민들이 직접 지역을 가꾸는 마을만들기 사업을 비롯하여 재개발, 재건축, 뉴타운, 그리고 도시계획 수립 등에 전문가와 함께 직·간접적으로 참여하는 것이다.

세 번째, 시민은 예산수립에 참여할 수 있다. 시민들이 예산수립 과정에 참여하는 것은 국민의 의사에 기초하여 희소한 공공자원을 배분하고 공평한 조세부담 방법을 결정하는 재정민주주의를 실현하는 길이다.

네 번째, 시민은 도시정책을 집행할 수 있다. 이는 시민들이 주도적으로 자기가 살고 있는 마을과 도시를 직접 바꿔나가는 것을 의미하는 것으로, 대표적으로 마을만들기는 지역 주민 스스로 삶의 터전을 새롭게 만들고 가꾸어 나가는 실천적인 집행방법이다.

다섯 번째, 시민은 갈등을 조정할 수 있다. 아무리 좋은 정책이나 계획일지라도, 다수의 사람들이 관여되어 있을 때는 의견이 일치하지 않는 경우가 많다. 공무원과 주민, 주민과 주민간의 갈등 등 여러 가지 형태로 의견의 불일치가 나타날 수 있는데, 이를 순조롭게 해결해 나가는 것이 매우 중요하다. 갈등을 방치할 경우 지역 공동체가 와해되기도 하고, 사업이 연기되어 행정적, 재정적 손해는 물론 정부의 권위가 실추되고 행정이 신뢰를 잃게 될 수도 있기 때문이다.

이어지는 2장에서는 위에서 언급한 다섯 가지 시민참여 방법들에 대해 자세히 논의해 보도록 하겠다.

조대호

• 수원시 도시정책실 도시계획상임기획단장
전 도시계획과 도시계획팀장 •

기꺼움

;

시민참여형 도시계획이 진행되면서 시민들의 반응이 180도 달라졌다.
공무원들의 노력하는 모습에 고마움을 표하기 시작한 것이다.
우리는 오히려 더 고마워하며 기꺼이 뛰고 또 뛰었다.

위대한
시민도시의
탄생

대부분의 사람들은 도시계획은 전문가만 할 수 있다는 생각을 갖고 있다. 하지만 수원시의 사례는 이런 고정관념을 일시에 무너뜨렸다. 그동안 시민들은 참여의 기회가 없었던 것이지, 역량이 부족했던 것이 아니다. 물론 보다 전문적인 부분은 행정가나 전문가의 도움을 받아 채워 나가면 된다. 집단지성 이론에서 알 수 있듯이 대중의 지혜를 모으면 보다 발전적인 계획을 세울 수 있음은 물론 갈등 요소를 최대한 줄이고 실행에 필요한 추진 동력을 극대화할 수 있다.

1

정책을 제안하자

직접 민주주의의 귀환

"Government of the people, by the people, for the people shall not perish from the Earth."

이 문장은 미국 16대 대통령 에이브러험 링컨Abraham Lincoln의 게티즈버그 연설Gettysburg Address, 1863의 한 구절이다. 잘 알려져 있듯이 '국민의, 국민에 의한, 국민을 위한 정부는 영원하다'는 뜻이다. 이는 국민이 행정에 직접 참여할 수 있는 가능성possibility과 간접 민주주의에 따른 정치적 책임accountability, 그리고 고객 중심적 사고에 기초한 행정의 대응성responsiveness을 강조한 내용이다. 이러한 정치 철학은 그로부터 150년이 지난 현재, 열린 정부를 표방하고 있는 오바마 정부에서 더욱 강조되고 있다.

정책을 제안하는 것은 시민들 스스로 공익을 위한 도시정책을 고안하고 실제 그 정책이 집행되도록 지속적으로 참여하는 것을 의미한다. 과거 고대 그리스의 직접민주주의에서나 가능했을 법한 시민참여는 오늘날 인터넷과 소셜 네트워크 서비스SNS 등의 발달로 인해 다양한 방법으로 구현되고 있다.

우리나라 도시정책에서 미미하나마 공식적인 주민참여 통로가 마련된 것은 1981년이다. 도시계획법 개정으로 공청회와 공람제도가 도입된 것이다(박재길·이왕건·김명수·박경현·김지형·이성형, 2006). 이후 조례제정 시 주민발의와 주민투표, 협의체를 통한 시민참여 등 다양한 직접참여의 통로가 마련되면서 우리나라 행정에 주민참여가 자리 잡게 되었다.

오늘날 지방 도시행정의 기능은 점차 확대되고 다원화되며 전문화되고 있다. 이런 빠른 변화에 대응하기 위해서는 경직된 지방 행정구조의 틀 안에서 한정된 가용재원을 활용하는 것만으로는 한계가 있다. 이 한계를 여실히 보여주는 것이 바로 행정의 국가경쟁력 순위인데, 이는 스위스 국제경영개발원IMD의 국가경쟁력평가 결과를 통해 살펴볼 수 있다. 매년 이루어지는 이 평가보고서에서 우리나라는 2012년 평가대상 60개국 중

22위에 올랐고, 2014년에는 26위로 4계단 하락했다. 2011년에는 22위, 2009년에는 28위 등 꾸준히 중간 이상의 평가를 받고는 있으나, 선진국인 미국(1위), 스위스(2위), 홍콩(3위)에 비하면 매우 낮은 순위라는 것을 알 수 있다.

IMD스위스 국제경영개발원는 1989년부터 매년 상반기에 세계 60개 국가를 대상으로 국가경쟁력 순위 및 경쟁력 제고를 위한 정책방향을 발표하고 있으며, IMD 평가체계는 4대 분야, 20개 항목, 333개의 세부지표로 구성되어 있다.

도시행정에서의 경쟁력 확보를 위해서는 제일 먼저 시민참여를 확대하여야 한다. 시민참여는 대의민주주의의 결점과 불완전성을 보완하는 역할을 할 뿐만 아니라, 주민들의 다양한 이견을 조정하고 그들의 책임의식을 증진시킨다. 또한 주민들의 이해와 협력을 증진시켜 효율적인 도시개발을 모색하는 기회로서 작용하기도 한다. 이제는 시민들의 참여와 합의를 바탕으로 정책을 추진함으로써, 민주적 형평성과 효율성을 동시에 추구하는 균형 잡힌 행정을 모색할 때이다.

도시를 계획하거나 정책 사업을 추진할 때, 공무원이나 전문가들은 시민의 생각과 그들이 받게 되는 영향, 그리고 사업과 관련된 세부적인 제반 사항들을 미처 알지 못하는 경우가 빈번하다. 이때 필요한 것이 시민 정책자문단이다. 시민 정책자문단은 시장이나 지방의회가 발의한 도시계획이나 정책사업과 관련된 사항을 수혜자의 입장에서 검토하고, 의견을 적극적으로 제시할 수 있는 제도적 장치이다.

시민 정책자문단을 정착시키기 위해서는 시장이 지방자치법에 기술전문자문위원단과는 별도로 시민들로 구성된 자문위원단을 수립하도록 법제화하는 것이 필요하다. 시민 정책자문단은 전문화된 시민조직과 단체, 그리고 개개인들에 대한 명단을 먼저 확보하고, 사업의 성격에 따라 선발하여 구성한다. 구성원은 시장이 지명하며, 지방의회의 동의를 얻도록 한다. 제대로 된 시민 정책자문단 운용을 위해서는 다양한 공동체집단을 대표할 수 있도록 구성원을 선발하고, 모임을 정기적으로 갖도록 해야 한다. 시민 정책자문단 사무실은 집행 행정기관의 실무부서와 인접한 곳에 위치시켜 원활한 소통이 이루어지도록 한다. 미국 코네티컷 주의 사례와 같이, 중앙정부와 광역자치단체에서 예산을 마련하여 기초자치단체가 시민 정책자문단을 원활히 운영할 수 있도록 지원하는 방안도 있다. 전문가로 구성된 기술전문자문위원단과 달리, 시민 정책자문단은 관련 분야에 대한 전문성은 물론 대표성도 함께 가진 시민들이 직접 참여하게 되므로 효율성과 형평성 확보라는 두 가지 장점을 동시에 살릴 수 있다.

참여의 패러다임 시프트

인터넷을 기반으로 하는 정보혁명에 힘입어 보다 많은 사람들의 참여가 가능해짐에 따라 시민 도시와 열린 정부의 실현 가능성은 점점 높아지고 있다. 미국의 오바마 정부는 2009년 1월 취임과 동시에 '투명하고 책임감 있는 열린 정부'를 선언했다. 이는 일차적으로 후퇴한 민주주의와 정부 투명성의 회복이라는 시대적 과제에 그 이유가 있겠지만, 그보다는 정보통신기술의 발달과 인터넷의 개방적 네트워크가 열린 정부를 실현할 수 있게 할 것이라는 확신이 더 큰 계기로 작용하였을 것이다.

실제로 정보통신과 인터넷의 발달로 인해 일방적인 정보 전달 방식을 넘어 자유로운 쌍방향 의사소통이 가능해졌고, 거래비용도 급격히 낮아져 거의 모든 사람들이 서로에게 손쉽게 접촉할 수 있게 되었다. 특별한 설비나 막대한 비용을 지불하지 않고도 협업이 가능한 도구의 발달, 채널의 대중화라는 혁신, 정보에 대한 자유로운 접근, 생산, 그리고 기존의

수원 e시민정책자문단 운영 (출처 : 수원시 포토뱅크)

정보를 기초로 한 새로운 가치창출의 확산 등은 그동안 실현하기 어려웠던 열린 정부, 시민도시로 나아갈 수 있는 방법을 제시해준다(팀 오라일리 외, 2012).

정보통신기술과 네트워크의 발전이 단지 기술적 진보에 그치지 않고 참여와 개방, 공유로 상징되는 웹2.0이라는 경제적, 사회적, 문화적인 변화물결을 일으켰고, 공공분야에도 이를 적극적으로 도입함으로써 국민의 참여와 행정의 공개, 정보의 공유라는 대대적인 변화를 가져올 수 있게 되었다. 이른바 정부 3.0Government 3.0은 열린 정부를 위한 모든 혁신을 의미한다. 모두에게 열린 공간으로서의 웹이 플랫폼 역할을 하고 이를 기반으로 공개된 정보와 서비스의 결합을 통해 혁신적인 서비스가 출연했듯이, 정부 3.0을 추구하는 열린 정부는 모든 사람들이 스스로 필요한 서비스를 만들 수 있도록 재료와 도구를 제공하는 플랫폼으로서의 역할을 한다. 따라서 열린 정부는 전통적인 민주주의 실현뿐만 아니라, 공공분야의 혁신을 위한 근본적인 패러다임의 전환을 의미한다(팀 오라일리 외, 2012).

인터넷을 통해 많은 사람들은 지리적, 시간적 제한 없이 온라인으로 소통하고 토론할 수 있다. 이를 이용하면 도시계획과 정책 사업에 대한 정보를 시민들에게 보다 손쉽게 제공할 수 있고, 시민들 역시 이 정보를 활용해 언제 어디서든 정책에 대한 논의를 할 수 있게 된다. 또한 정책에 대한 결정도 시민이 온라인으로 직접 참여할 수 있다. 이처럼 정보통신 기술을 이용한 시민참여가 확대되면 행정의 민주화는 물론이고 더 나아가 정부에 대한 시민들의 신뢰 또한 높아지게 될 것이다.

U-정부, 모바일 정부, 열린 정부, 웹3.0 등의 다양한 키워드로 변화한 전자정부는 소셜 네트워크 서비스SNS를 활용한 발전된 형태들이다. 미국의 경우, 지진이나 비행기 불시착과 같은 재해·재난 상황에 대한 정보를 빠르게 전파하기 위한 방법으로 SNS의 영향력을 확대해왔다.

미국 노스캐롤라이나 주 정부는 주 정부 최초로 소셜 미디어 정책을 발표하면서 '소셜 네트워킹Social Networking은 다음에 떠오를 중요한 문제가 아니라 현재의 중요한 문제이고, 주 정부와 시민들의 상호작용을 증가시키기 위해 소셜 미디어의 장점을 활용하는 방안이 필요하다'고 언급했다(한국지역정보화학회, 2011). 또한 미국에서는 9.11테러 직후 월드트레이드센터 재건 과정에서 주민들의 의견을 듣고자 시민참여단을 뽑아서 전원에게 단말기를 지급한 경우도 있었다. 재건 전 과정에 걸쳐 의사결정 단계별로 시민참여단의 의견을 참고하였다. 시민참여단은 지급된 단말기를 활용해 투표하고, 그 결과는 바로 통계로 정리되어 행정에 보고되었다. 이렇게 전달된 시민들의 의견은 절대적인 것은 아니지만, 중요한 참고사항으로서 정책 결정에 활용되었다.

> 시민이 구청에 직접 방문하거나 전화로 민원을 제기하던 방식에서 벗어나, 트위터를 통해 공무원들이 실시간으로 민원을 해결할 수 있는 구조를 마련한 것이다.

우리나라의 경우도 인터넷 강국답게 지자체마다 민원 접수 등에 SNS를 활용하는 사례가 늘어나고 있다. 서울시 송파구는 SNS와 연계한 민원처리 자동시스템을 개발하여 그 활용 범위를 넓혀가고 있다. 기존에는 수작업을 통해 민원을 처리함으로써 잦은 오류가 발생하기도 했고, 복잡한 절차로 인해 시간비용이 많이 소요되었다. 그러나 이제는 SNS를 활용하여 자동적으로 민원을 접수하게 됨으로써 절차적·시간적 비용이 많이 줄어들 예정이다. 시민이 구청에 직접 방문하거나 전화로 민원을 제기하던 방식에서 벗어나, 트위터를 통해 공무원들이 실시간으로 민원사항을 해결할 수 있는 구조를 마련한 것이다.

서울시 SNS정책에서도 이와 비슷한 변화를 찾아볼 수 있다. 서울시는 다양한 정책 아이디어를 공모하는 방안으로 '천만상상 오아시스http://oasis.seoul.go.kr'라는 인터넷 사이트를 활용하고 있다. '천만상상 오아시스'는 시민의 아이디어를 서울시 정책에 반영하기 위한 통로로 활용하고자 만들었다. 일반적인 경우 시민들의 제안은 아이디어 공모사업이나 민원접수 방식으로 이루어져 정책에의 반영 여부만을 판단하는 데에 그쳤다. 그러나 서울시의 '천만상상 오아시스'는 상상을 제안하고, 토론하고, 실현하는 3단계로 구분하여 아이디어 수준의 제안을 정책으로 발전시켜 현실에 반영할 수 있도록 시스템화 하였다. 상상제안은 자유상상과 테마상상으로 구분하였고, 시민들이 자유롭게 의견을 제시하고 주요 시정현안에 대한 아이디어를 발굴하도록 했다. 제안된 정책에 대해서는 자유로운 토론을 통해 정책실현에 따른 문제점을 사전에 도출하여 보완하고, 좋은정책제안 선정위원회를 통해 정책을 채택하고 있다.

수원시 역시 2012년 3월부터 SNS 운영 전임자 132명을 두고 부서별로 트위터를 운영하여 시민의 의견을 쉽게 모니터링하고 공유하도록 하는 시스템을 갖추었다. SNShttp://twitter.com/suwonloves를 행정포털과 연계해 온라인상에서 시민들이 보다 쉽게 시정에 참여할 수 있도록 했다.

우리가 살고 있는 현대 스마트사회에서는 이제 국민 누구나 SNS를 통해서 행정의 중요한 결정에 참여할 수 있게 되었다. 국책 사업을 실행할 때도 소모적 정쟁이나 갈등만 일삼을 것이 아니라, SNS를 활용한 시민의견 조사를 통해 얼마든지 효율적인 의사결정을 도모할 수 있다.

다양한 방법을 통해 시민들의 의견을 수렴한다고 해도 정책이나 계획에 반영하지 않으면 오히려 시민들의 반감을 불러일으킬 수 있다. 따라서 시민참여에 따른 도시계획을 수립할 경우에는 시민들의 의견을 최대한 듣는 것도 중요하지만, 제시된 다양한 의견을 최대한 계획에 반영하고 이를 다시 시민들에게 홍보하는 것도 중요하다.

이러한 측면에서 볼 때, 시민 모니터링과 평가제도는 지역현안에 대한 관심을 높이고 시민참여의 확대를 유도하기 위한 적절한 방법 중 하나이다. 시민의 재산권과 일상생활에 밀접하게 관련되는 도시계획을 집행할 때 발생할 수 있는 문제점을 미리 파악하고 향후 실제 계획이 수립될 때 참고할 수 있도록 시민 모니터링제도를 병행한다면, 도시계획에 대한 시민들의 지속적인 관심을 유도하고 지지를 끌어낼 수 있다. 아울러 제도적 정착을 통해 민·관 파트너십 형성 또한 가능해진다.

구체적으로는 초기 단계인 정책 입안과 집행과정, 그리고 실행결과에 대한 정보공개를 실시하고, 정책의 시행결과에 대한 시민평가제의 도입을 고민해 볼 수 있다(한상욱, 2007). 또한 정책결정에 참여하는 3단계, 즉 '정보를 공유하고, 의견을 청취하고, 정책결정에 참여하는' 과정을 제도화할 수 있다(강장묵, 2011). 이러한 제도적 장치는 시민이 계획에 참여하여 의견을 제시하고 그 반영결과를 직접 평가함으로써, 기존의 행정에 대한 부정적인 견해를 없애고 더 나아가 신뢰성까지 확보할 수 있는 기회로서 작용하게 된다.

9.11 테러와
원탁회의

9.11로 파괴된 미국 뉴욕 세계무역센터의 재건축은 원탁토론기구Listening to the City를 통해 완성되었다. 이 원탁토론기구는 9.11 테러와 직·간접적으로 연관된 사람들로 구성되었다. 피해자 가족, 친구, 동료뿐만 아니라 세계무역센터가 위치해 있던 로어 맨해튼Lower Manhattan 주민들과 그외 지역에 거주하는 시민들도 일부 참여하였다. 85개 이상의 시민단체, 대학, 전문가그룹 등 다양한 NPO들이 모여 로어 맨해튼의 개발을 논의하였다.

이 기구의 목적은 이 지역에 살고 있는 시민과 테러로 인한 피해자들의 의견을 최대한 반영하여 세계무역센터를 재건축하는 것이었다. 공공기관인 LMDCLower Manhattan Development Corporation와 문화재단인 Rockefeller Brothers Fund가 재정적으로 도움을 주었으며, 시민과 전문가, 공공기관의 열띤 토론과 협조는 성공적인 사업 추진을 위한 밑거름을 형성했다. 무엇보다도 5,000명의 시민대표가 한 곳에 모여서 의견을 합의해가는 과정

세계무역센터 사이트의 재건과 맨해튼 재개발을 논의하기 위해,
2002년 7월 20일 제이콥스 Javits 센터에서
진행된 타운 홈 미팅 현장.

은 지켜봤던 모든 사람들에게 큰 인상을 남겼다.

처음 논의는 전문가들이 시작했다. 그들은 로어 맨해튼을 어떻게 재건축할 것인지에 대한 고민에서부터 출발했다. 테러가 있은 후 100일도 채 지나지 않아 컬럼비아 대학에서 세계무역센터포럼World Trade Center Forum이라는 중요한 세미나가 열렸다. 그리고 몇 달 뒤 뉴욕에서 활동하는 도시계획, 건축, 도시지리, 도시사회, 도시역사 등 관련 전문가들이 모여 9.11 테러를 도시의 미래를 생각하는 계기로 활용하자는 의미로 한 권의 책 『After the World Trade Center』을 출간했다. 이후 개발을 주도하고 있는 LMDC가 도시설계에 관한 6개의 기본구상 계획Concept plan을 기초로 하나의 최종안을 발표했다.

다음에는 시민들이 참여했다. 5,000명의 시민이 한 자리에 모여 의견을 개진하는 원탁토론 'Listening to the city'가 3일간 열렸다. 원탁토론

후에는 약 보름 정도 온라인on-line을 이용한 의견 수렴을 진행되었다. 원탁토론의 경우 5,000여 명의 의견이 거의 동시에 모든 참석자에게 전달될 수 있도록 한 것이 특이했다. 같은 원탁에 앉은 사람들이 토론으로 정리한 내용을 컴퓨터에 띄우면, 중앙 서버에서 이를 취합하여 다시 테이블마다 보내는 방식으로 회의가 진행되었다. 이는 American Speaks라는 NPO의 기술지원으로 가능했다.

세계무역센터 재건축 원탁토론은 고학력자들이 많이 살고 있는 뉴욕의 특징을 살려서 진행되었다. 도시를 설계하는 전문가는 시민단체와 함께 도시에 대한 구상안을 발표하였고 이 구상안들이 언론을 통해 알려지게 되었다. 시민은 참여를 통한 보람을 느끼고, 공공은 민·관 파트너십에 의한 순조로운 일의 진행을 나눠 갖게 된 것이다. 또한 민간의 재정적 지원이 성공의 큰 몫을 담당했는데, 이는 미국 기업들의 이미지 제고와 기부금에 따른 다양한 인센티브 제도가 긍정적인 영향을 끼쳤다. 또한 뉴욕을 사랑하는 시민들의 자부심이 적극적으로 참여하게 하는 원동력이 되었으며, 이 모든 것의 조화 속에서 원탁토론은 성공적으로 진행되었다(김창석·황희연·김현수·이재준·안상욱 외, 2006a).

라민수

• 장안고등학교 2학년 •

펼침

;

제 마음 속에 담아두었던 생각들을 펼칠 수 있다는 것이
참 신선하고 좋았어요. 우리 청소년들이 단지 '미래의 시민'이 아닌
'현재의 시민'으로 존중받고 배려받고 있다는 사실을 깨닫게 되었죠.

2

도시를 계획하자

承

3단계
스케줄

시민이 참여하는 도시계획은 어떤 단계별 과정을 거치게 될까. 우선 참여하고자 하는 시민들이 모여 조직을 구성하고, 어떻게 운영할지에 대해 함께 고민하는 시간이 필요하다. 그 다음으로 대상지의 현황을 살펴본 뒤 문제점을 공유하고 시급과 경중에 따라 분류하여 검토하게 될 것이다. 마지막으로 문제를 해결할 대안을 시민 스스로 찾고 전문가의 의견을 참고하여 최종적으로 결정하게 된다.

93

Chapter 02 위대한 시민도시의 탄생

이렇듯 도시계획에의 시민참여는 크게 조직구성 단계, 현황분석 단계, 대안설정 단계 등 3단계로 나뉜다고 할 수 있다. 조직구성 단계는 시민이 참여하는 시민협의체를 구성하는 단계다. 즉 주민들이 해야 할 일이 무엇인지를 정하고 공유하는 단계인 것이다. 이때 전문가와 시민단체, 공무원 등으로 이루어진 지원센터와 같은 기관의 도움을 받을 수 있다. 조직구성 단계에서는 일반적으로 워크숍을 진행하여 시민조직을 만들고 사업의 방향과 목적을 정하게 된다. 또한 시민들에게 사업의 내용과 취지를 설명하고 그들의 의견을 듣는다. 이밖에 도시의 상황과 문제점을 파악하기 위한 도시 탐방을 실시하고, 참여자들 서로 간에 의견을 교환한다. 이

도시대학 프로그램 시작단계에서 시민조직을 구성하고 소개하는 모습

러한 활동을 지원하기 위해 워크숍과 회의 등을 진행할 사무소와 자문기구를 설치하는 것도 여러모로 편리하다.

두 번째 단계인 현황분석은 도시나 마을 등 논의대상이 되는 지역의 여러 문제점을 파악하는 단계다. 시민들이 모여 자유롭게 토론하고 이를 보다 명확하게 분석하고 공감하기 위해서 다이어그램diagram, 몽타주elevation montage, 지역 지도 만들기, 사진 조사, 아이디어 경쟁, 답사 등의 다양한 방법을 사용한다. 한편, 도시의 문제점을 파악하는 것만큼이나 중요한 것이 도시의 자원과 장점을 파악하여 이를 기회요소로 만드는 것이다. 특히 어메니티amenity라고 불리는 도시자원은 그 도시만의 고유한 특

성과 개성을 지닌 창조적 가치로서, 제대로 개발한다면 도시 활성화와 경
쟁력 향상에 큰 도움이 될 수 있다. 이러한 자원을 개발하는 것은 결코 쉬
운 일은 아니기 때문에, 그 도시의 특성을 누구보다 잘 아는 시민들이 직
접 참여하여 적극 노력할 때 더욱 큰 의미와 성과를 가지게 될 것이다.

    세 번째 대안설정 단계는 도시현황 조사와 분석을 통해 파악된 문
제를 해결하는 대안을 설정하는 단계이다. 여기서 대안은 통상 도시(혹은
마을) 계획의 큰 그림을 의미하는데, 마스터 플랜이나 모형 작업을 통해 채
택된 대안을 시각화하고 포럼을 통해 다양한 의견들을 종합한다. 이밖에

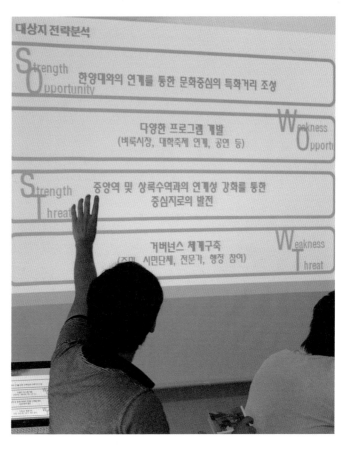

시민들이 직접 현장조사와 문헌조사 등을 통해 현황을 분석하고 있는 모습

도 세부 계획 워크숍이나 길거리 조사, 디자인 페스티벌, 실내 기획 전시 등을 통해 시민참여 도시계획을 구체화할 수 있다. 물론 시민들만의 힘으로 대안을 설정하고 이를 시각화하는 작업은 무리가 있다. 보다 객관적이고 심도 있는 시민참여와 바람직한 대안을 도출하기 위해서는 시민들에게 필요한 정보를 제공하는 것과 더불어, 대안에 대한 시각화 작업을 도울 수

있는 전문적인 조력가가 필요하다. 독일의 경우에는 변호계획가라는 중간 매개체가 지자체와 시민의 원활한 대화를 위해 활동하고 있으며, 졸링겐시의 계획세포방식에서는 관련 전문가를 초청하여 관련 내용에 대한 설명과 이해를 더하기도 했다.

참여율을 높이는 창조적 대안

대부분의 사람들은 '도시계획은 전문가만 할 수 있다'는 생각을 갖고 있다. 하지만 시민들의 참여를 통해 도시기본계획의 틀을 마련한 미국의 시애틀이나, 최근 도시기본계획 수립 과정에서 시민참여를 시도한 수원시 등의 사례를 살펴본다면 이런 고정관념은 사라질 것이다. 그동안 시민들은 참여의 기회가 없었던 것이지, 역량이 부족한 것이 아니었다. 물론 보다 전문적인 부분은 전문가의 도움으로 채워 나가야겠지만, 집단지성 이론에서 알 수 있듯이 대중의 지혜를 모으면 보다 발전적인 계획을 세워나갈 수 있음을 확인할 수 있다.

시민참여가 성공적으로 추진되기 위해서는 시민들의 적극적인 참여와 지속적인 관심이 필요한데, 이를 위해 다양한 시민참여의 길을 모색해야 한다. 현재 우리나라의 도시계획 수립에서 시민참여는 주로 공청회, 공고, 공람 등의 방법으로 이루어지고 있다. 하지만 이제는 이런 제도적

시민과 정부는 정보를 공유하고 의견을 청취하고 정책결정에 참여하는 3단계 과정으로 시민참여를 제도화할 수 있다. (출처: 강장묵, 2011, SNS와 참여, 칼럼, 경희사이버대학교 미래고등교육연구소)

경직성에서 벗어나야 한다.

예를 들면, 도시계획위원회 등 각종 위원회의 회의장면을 시민에게 공개하거나 회의 일정을 적극적으로 홍보하는 방법을 생각해 볼 수 있다. 주민생활에 민감한 사안을 다루는 회의는 다수의 주민이 참여할 수 있도록 야간에 개최하는 방안도 모색할 수 있다. 또한 구체적인 미래상을 제시하고 관련 내용을 상시로 공개하는 방안도 있다. 시민들이 자유롭게 계획에 대한 의견을 표출할 수 있는 커뮤니티 보드를 활용하거나, 시민자문단 구성, 인터넷 등의 웹 기반을 활용한 대화 공간 등 다양한 시민참여 통로를 마련하는 것도 필요하다. 동시에 시민들이 직접 계획(안)을 작성할 수 있는 기회를 제공하고 전문가와 함께 하는 교육과정을 운영하는 것 또한 보다 성숙한 시민참여를 위한 필수적인 준비과정이다.

절차적 측면에서의 변화 역시 요구된다. 도시발전과 관련하여 많은 시민제안이 발의되고 도시계획과정에의 시민참여가 활발하게 이루어지려면, 시민사회 고유의 요구를 처리하기 위한 의제선정이나 시민참여

절차의 체계적인 운영관리가 필요하다. 시민참여 조직은 다양한 구성원이 함께 할 수 있는 민주적인 형태로 운영하고, 운영상 시간과 비용적인 부담이 적은 협의체 형태로 구성되어야 한다. 이 협의체는 시의 여러 행정부서, 시의회, 시민 그리고 관련 단체 간 의사소통 채널로서의 역할을 담당하여야 한다.

독일에서
배우다,
계획세포 모델
(김창석 외, 2006a)

독일 졸링겐 시는 계획가가 시민집회에서 계획안을 설명하고 그에 대한 시민의견 수렴은 2~3시간 정도 밖에 되지 않는 그동안의 시민참여 방법으로는 의사소통이 충분히 이루어지지 않아 제한적인 참여 밖에는 되지 않는다고 판단하였다. 그리하여 이에 대한 해결책으로 1985년 페터 다니엘Perter C. Dienel 교수가 참여모델로 만든 계획세포방식의 시민주도 도시계획을 추진하게 되었다. 계획세포방식에 의한 시민참여는 시민을 단순히 홍보나 설득의 대상이 아닌, 창의적인 생각을 가지고 참여할 수 있는 주체로 인식한다.

계획세포방식은 무작위로 선출된 약 25명의 시민들이 2~3개의 집

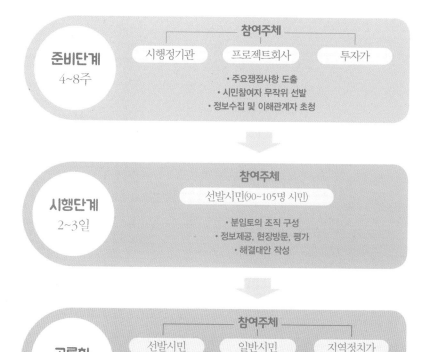

계획세포방식의 운영과정(자료:김창석 외, 2006, 살고 싶은 도시 만들기 국내외 사례조사, 대한주택공사, p.543)

단으로 나누고, 일정 기간 동안 전문가의 도움을 받아 다양한 방법으로 주어진 과제를 심도 있게 논의하여 대안을 정리하는 방식이다. 졸링겐 시에서는 이러한 시민의견 수렴 프로젝트를 발주하여 프로젝트 수행자가 프로젝트 기간 동안 2~5일의 시민참여 과정을 거쳐 의견을 수렴하고 정리하도록 하였다.

졸링겐의 참여계획모델인 계획세포방식은 크게 준비단계와 시행단계, 그리고 공론화단계의 3단계를 거친다. 먼저 준비단계에서 가장 중요한 것은 시민 참여자의 선정인데, 주요쟁점사항 도출, 정보수집 및 이해관계자 초청 등을 통해 6주 정도의 준비기간을 갖는다. 1회에서 3회 정도 시민세미나를 진행하여 계획 및 사업의 목표를 분명히 정립하고 결정방향을 설정한다.

시행단계에서 시민들이 주체적으로 참여하게 되는데, 시민들은 대부분 직장에서 교육휴가를 받아 참여하게 된다. 이러한 경우 행정에서는 직접적으로 소요되는 비용이 없어 시민들의 참여비용을 줄일 수 있다. 시행단계는 시민들 스스로 계획의 초안을 만들고 토론하는 과정을 담는다. 시민 참여자를 5명 이내의 소규모로 나누고 과제를 부여하면, 시민들은 다양한 정보를 통해 주어진 과제를 집중적으로 탐구하게 된다. 이 과정에서 소규모 집단의 구성원을 계속 변경함으로써 참여자들이 다양한 시각과 전체적인 안목을 갖도록 유도한다. 필요한 경우에는 주제에 맞는 전문가를 초청하여 문제에 대한 설명과 제시한 대안의 실현 가능성 등에 대해 교육하기도 한다. 시행단계에서 중요한 것은 정보제공과 현장방문, 평가과정을 약 3일간의 세미나를 통해 수행한다는 것이다. 정보제공 과정에서는 광범위한 정보를 제공하여 참여자들 스스로 생각을 정리하고 질문하여 편견을 없애는 과정을 거친다. 현장방문 과정에서는 시민들이 직접 현장을 방문하여 문제점과 잠재력 등을 파악할 뿐 아니라 과제에 대한 인식과 참여 동기를 유발시킨다. 평가과정에서는 시민계획보고서 초안을 작성하여 문제를 분석하고 잠정적인 결론을 도출한다. 또한 결론 도출에 관한 근거를 제시하고 시민들 스스로 만든 시민계획보고서 초안에 대해 참여자들이 토론을 수행한다.

공론화단계에서는 모든 시민들이 참여하는 시민집회가 열린다. 시민집회에서 아마추어 계획가로 변신한 시민들은 자기들이 구상한 내용을 설명할 기회를 갖는다. 여기에서 토론된 사항들은 시민계획보고서에 부록으로 첨부하도록 되어있으며, 지역정치가들은 시민세미나의 토론회나 집회에서 아마추어 시민계획가들과 집중적으로 토론한다. 토론결과를 종합하여 시민계획보고서를 보완하고, 참여자들의 검토를 거친 후 완결된 계획안은 의회에 제출된다. 의회는 소위원회에서 시민보고서를 검토하고, 아마추어 계획가는 의회에 초대되어 작성된 보고서를 설명한다.

> 시민집회에서 아마추어 계획가로 변신한 시민들은 자기들이 구상한 내용을 설명하고, 여기에서 토론된 사항들은 시민계획보고서에 부록으로 첨부하여야 한다.

1985년 계획세포방식에 의한 시민참여가 실시된 후 1995년까지 11개의 프로젝트에 적용되었다. 1990년대 이후에는 독일뿐만 아니라 유럽 전역으로 확산되고 있는 실정이다. 특히 청소년들이 도시를 계획하는 프로젝트부터 어린이놀이터계획, 도시전체의 미래발전계획 및 부분적인 계획, 그리고 주거환경개선에 관한 계획에 이르기까지 다양한 분야에서 적용되고 있다.

시애틀에서
배우다,
근린계획 모델
(김창석 외, 2006a)

시와 지역주민, 전문가 그룹이 조화와 협력으로 완성한 미국 최초의 근린계획은 미국 시애틀에서 탄생했다. 시애틀은 1991년 도시기본계획의 수립을 위해 향후 추진할 정책의 범위와 지침을 밝히는 문서를 작성했다. 여기에는 공원이나 교통계획, 배수계획 등 도시기반 서비스에 관한 미래 정책 내용이 대부분이었고, 용도지역과 토지이용규제 사항과 같은 실제적인 도시 관리나 계획 집행에 관한 내용도 포함되어 있었다.

이후 시애틀은 4년에 걸쳐 도시기본계획을 완성했는데, 이 기간 동안 300회의 시민집회와 850만 달러의 계획비용을 지출했다. 1991년 1,200명이 참가한 워크숍을 시작으로 1992년 3월에 계획 수립 방향을 만들었으며, 1993년에는 "지속가능한 시애틀을 향하여"라는 발표를 통해 도시마을 구상을 포함한 내용을 전체 가정에 배포했다.

이러한 시애틀의 노력에도 불구하고 시민들은 시에서 만든 500쪽이 넘는 방대한 분량의 계획안을 '50파운드 베이비'라고 야유하면서 도시마을 구역 지정과 성장 목표에 문제를 제기했다. 지역주민이 반대 운동에 나서자 의회가 독자적으로 수정안을 제시했지만, 주민들이 이 또한 강하게 거부하면서 결국 계획안이 취소되었다. 이에 시장은 지역주민 입장을 대변하는 의원 측과 협의하여 몇 가지 조건을 전제로 구역 지정을 철회했다. 이 때 합의된 조건은 근린계획 프로그램을 실시하면서 그 범위 안에 도시마을 구역을 설정하고, 도시마을을 포함하는 토지이용계획 또는 공공시설정비계획을 함께 수립하는 것이었다. 만약 지역 주민이 계획을 제안하지 않을 경우, 원래 시장이 제시한 계획안대로 구역을 정하기로 하였다. 시애틀은 이 조건을 가지고 1994년 7월 25일 도시기본계획 조례를 의결하였다.

이후 시와 주민 그룹, 대학 등이 워크숍을 개최해 프로그램 실시방법을 검토하여 계획 수립 권한과 재원을 지역주민에게 위임하기로 하였다. 이 제안이 그대로 의결되면서 시애틀의 근린계획은 미국 내 거의 유일한 프로그램이 되었다. 이 프로그램은 근린공동체가 함께하는 새로운 패러다임을 제시하는 것으로, 시민 커뮤니티에 권한을 부여함으로써 시 정부와 균형을 이루었다. 이 사례는 시 정부와 시민 커뮤니티가 진정한 파트너로 협력할 때 가장 살고 싶은 도시를 만들 수 있다는 것을 보여주었다.

약 16만 명이 사는 일본 히노日野시에서는 시민들이 직접 환경기본계획을 수립한 것으로 유명하다. 먼저 1995년에 시민이 만든 환경기본조례가 의회의 수정을 거쳐 제정되었다. 이후 공모를 통해 참여한 시민들이 백지 단계에서부터 시작하여 히노시의 환경기본계획을 만들었고 1999년 9월 의결되었다(카야시마 신, 2002). 히노시 환경기본계획은 공모에 응한 시민이 계획의 완전한 초기 단계에서부터 직접 참여하여 만들었다는 데 그 의의가 있다. 주로 행정이 주체가 되어 수립하는 환경기본계획을 시민이 직접 만들고 실제 집행할 때에도 시민이 참여했던 히노시의 사례는 어떻게 시와 시민이 함께 협동하고 역할을 분담해야 하는지를 보여준 바람직한 사례이다.

히노시는 환경기본계획의 경우 시민들의 쾌적한 주거환경과 맞물리는 부분이 많기 때문에 계획 수립과정에 시민들의 참여가 충분히 고려되었으면 좋겠다는 생각을 가지고 있었다. 처음에는 위원회에 시민들을 참여시키는 방안이나 시민 설문조사를 실시하는 방안, 공청회를 개최하여 시민들의 의견을 수렴하는 형식적이고 일반적인 방안 정도 밖에는 생각하지 못했다. 하지만 점차 시청 내에서 회의를 거치면서 팀을 이룬 시민들이 직접 계획을 수립하는 방식을 도입하게 되었고, 공무원들은 뒤에서 지켜보고 필요한 부분에 대해 지원하는 소극적 역할만하기로 결정하였다.

시민들이 책임지고 주도적으로 계획을 수립하는 것은 처음이었기 때문에 히노시의 시민들과 공무원 모두 사명감과 긴장감을 동시에 안고 계획을 수립하였고, 결과적으로는 성공적으로 마무리지었다. 1년 가까이 되는 기간 동안 시민들은 자비를 들여 답사를 가기도 하고, 밤늦게까지 계획안 수립에 참여하는 등 열의를 보였다. 이러한 시민들의 관심과 참여가 있었기에 히노시의 환경기본계획은 성공적으로 수립되었고, 시에서도 별다른 수정 없이 의회에 제출했다. 그 결과 1999년 9월 히노시의 환경기본계획이 최종 의결되었다. 히노시의 성공적인 시민참여 환경기본계획 수립은 시장에게도 깊은 감명을 주었다. 이후 시장의 방침에 의해 히노시에서는 시민이 함께 참여하지 않은 계획은 계획으로서 인정을 받지 못하도록 하였다.

김 현

· 단국대학교 교수 ·

뜨거움

:

원형 테이블에 앉아 열정적으로 토론하던 주민들의 모습은
지금도 내 가슴을 뜨겁게 한다. 그 열정이 식지 않도록
수원시의 응원과 지원이 지속되기를 바란다.

3

예산에 참여하자

轉

예산 편성도
예외가
아니다!

'주민참여예산제도Participatory Budgeting'는 말 그 대로 주민이 참여하여 예산을 편성하는 것을 말 한다. 수입과 지출의 가치는 어떻게 결정되는지 부터 시작해 정부에 의해 진행되는 각종 공공사업 및 투자는 언제, 어디 서, 어떻게 이루어지는가에 대해 시민들이 직접 토론하고 예산을 수립하 는 것이다.

그동안 예산을 편성하는 일은 행정기관의 고유한 권한이었다. 그러나 지방재정법 제39조에 의해 지방예산 편성 과정에 주민이 참여할 수 있는 절차가 마련되면서, 이제는 시민들도 예산 수립에 참여할 수 있는 방안이 생겼다. 행정자치부는 '참여형 예산제도'를 정착시키기 위해 지방정부가 행정예산을 편성하기 전에 인터넷이나 설문조사, 공청회, 간담회 등의 의견 수렴 절차를 거치고 전문가에게 자문하도록 하고 있다.

현재 우리나라 대부분의 도시는 주민참여예산제도 관련 조례를 만들어 주민참여를 보장하고 있다. 아직 그 숫자는 적지만, 지자체별로 작은 단위의 모임에서부터 지방자치단체 예산 편성에 직접 개입하는 시민위원회에 이르기까지 다양한 주민참여예산 조직이 운영되고 있다.

'주민참여예산제도'는 예산과정에서 그동안 배제되었던 주민을 핵심적인 이해관계자 또는 활동주체로 인정하고 공공자원에 대한 배분과 활용에 있어 새로운 협력체계를 구축한다는 의미에서 매우 중요한 제도이다(이재준, 2012e). 지방화와 정보화 등의 세계적인 추세에서 주민참여예산제도는 지방자치단체의 예산을 시민의 손으로 직접 편성함으로써 시민의 손으로 도시를 만드는 지방자치 실현에 큰 역할을 할 수 있다. 또한 자치단체장과 지방의회가 인기를 얻기 위해 선심 쓰듯이 재정을 낭비하는 비효율적인 재정운용을 사전에 방지하는 역할도 할 수 있다(이용환·송상훈, 2011). 주민참여예산제도는 시민들 스스로 권리의식을 신장시키고 토론을 통해 의견을 정책에 반영시키는 새로운 사회조정 양식인 도시 거버넌스의 전형적인 모습이다. 뿐만 아니라 시민들의 관심이 높고 동의를 확보한 분

수원시 청소년계획단에 참여한 학생들이 장난감을 활용해 예산을 어떻게 활용할지 구상하고 있다.

야에서는 집행의 효율성까지 확보되어 시민복지 개선효과를 창출할 수 있
다.

참여예산
제도의
발원지는
브라질
(이세구, 2005; 김철, 2003)

우리는 롤 모델로 삼고자 하는 선진 사례를
미국이나 일본, 아니면 영국, 프랑스 등에서
찾곤 한다. 주민참여예산제도의 경우에서도
민주주의가 가장 발달한 미국이나 영국, 프랑스 등을 먼저 떠올리게 되는
데, 사실 가장 먼저 주민참여예산제도가 등장한 곳은 브라질의 포르투 알
레그레Proto Alegre라는 도시이다. 시민들이 참여하여 예산을 수립하는 제
도는 브라질 포르투 알레그레의 성공적인 도입에서 시작되어, 주변 남미
의 주요 도시들 뿐만 아니라 유럽과 아시아로 확대되고 있다. 남미는 약
16,000개 도시 중 1,000개 이상의 도시가 주민참여예산제를 운영하고 있
고, 유럽의 경우도 스페인의 세비예, 프랑스 파리, 이탈리아 로마, 포르투
갈 리스본, 독일 베를린의 자치구 등 서유럽을 중심으로 100개 이상의 도
시가 추진하고 있다.

주민참여예산제도가 처음 도입된 배경은 사실 정부에 대한 불신
때문이었다. 1989년 브라질 노동당PT, Partido dos Trabalhadores이 집권하면

서 국민의 정부에 대한 불신을 없애기 위해 참여예산제도를 처음 도입하였다. 어디에서도 실행해본 적이 없는 제도이다 보니 처음에는 말도 많고 탈도 많았다. 하지만 1991년부터 시민과 함께 시에 필요한 정책과 사업에 대한 우선순위를 논의하면서부터 점차 효과적으로 정착되기 시작했고, 매년 수정·보완하는 과정을 거치면서 다듬어졌다(이세구, 2005).

주민참여예산제도는 1996년 유엔UN에 의해 세계 40대 훌륭한 시민제도로도 선정되었을 뿐 아니라, 최근에는 우리나라의 여러 도시들도 도입하는 사례가 많아질 정도로 전 세계적으로 이슈가 되고 있는 제도다. 이런 주민참여예산제가 포르투 알레그레에서 어떻게 운영되었는지 자세히 살펴보자.

브라질 포르투 알레그레 시의 참여예산제는 소수의 집행부가 아닌 직접민주주의 방식을 통해서도 도시 전체에 대한 복합적인 관리가 가능할 수 있음을 보여주는 최초의 사례다. 특히 평의회COP는 지방정부와 지역 활동가, 시민들 간의 중재자 역할을 담당할 뿐만 아니라, 시민들의 참여를 유도해 권리의식을 회복하고 토론과 합의로써 의견을 적극 제시할 수 있도록 하는 참여적 거버넌스를 실천하였다.

이러한 거버넌스 체계는 참여예산제도 뿐만 아니라 사회적 서비스와 보건·복지, 지역의 교육정책, 인권 등의 다양한 의제를 설정하는 새로운 포럼으로 확장되었다. 또한 시민들이 참여예산제도로 결정할 수 있는 예산 비율도 1989년에는 2%에 불과했으나, 1994년에는 20% 가까이 이르게 되어 교육, 문화, 보건, 사회 서비스, 스포츠 등 시민들이 참여할 수 있는 예산결정 범위가 확대되었다. 나아가 예산수립이 시민의 손으로 이루어짐에 따라 예산집행의 공정성과 효율성까지 확보되었고, 이는 시민들의 복지 개선으로 이어지게 되었다. 부정부패로 인해 추락했던 브라질 정부에 대한 신뢰는 참여예산제도를 통해 점차 회복되었으며, 이는 노동당이 13년 동안 집권할 수 있었던 이유로 작용했다는 평가가 많다(김철, 2003).

일단, 예산부터 확보하자

주민참여예산제도를 위해서는 재원과 권한의 적절한 배분이 필요하다. 브라질 헌법(1998년)은 다른 라틴아메리카 국가의 정부들에 비하여 훨씬 많은 재원과 권한을 지방에 분배했다. 포르투 알레그레 시(市)는 풍부한 지방재원을 바탕으로 참여예산제도를 실행하였고, 이 사례를 통해 지방정부가 재정적 능력과 법률적 권한을 동시에 가질 때 참여예산제도가 성공적으로 정착될 수 있다는 원칙을 도출해냈다.

포르투 알레그레의 참여예산제도를 한국적 현실에 맞게 개선하여 우리나라 최초로 도입한 자치단체는 광주시 북구이다. 광주광역시 북구는 2003년 전국 최초로 주민참여예산제도를 도입하였다. 북구는 활발한 주민홍보를 실시하여 자발적인 참여를 독려하였고, 예산안의 투명한 공개를 통해 주민과 시민사회단체, 행정 간의 탄탄한 네트워크를 구축하였다. 그리고 예산 설명회 개최 등 의견수렴을 위한 예산편성제도를 정착시켜, 기존의 밀실예산의 한계를 극복하고 주민과 함께하는 재정운용을 도모하였다. 구청의 살림살이를 주민이 직접 살펴보는 제도의 도입을 주민참여의 시작이라고 보고, 주민과 함께 예산심의과정을 진행함으로써 재정민주주의를 확보하고자 했던 것이다.

이용환 · 송상훈(2011)의 연구를 참고하면, 먼저 광주광역시는 주민참여를 제도적으로 보장하기 위해 운영 조례와 규칙을 제정했다. 운영절차 기준을 마련하고 참여주체인 예산참여시민위원회를 구성하여 운영하도록 했다. 연구회를 구성하고 예산에 대해 정보를 공개할 것을 명시하기도 했다.

다음으로는 조직기반을 정비했다. 교수와 시민단체, 구 의원, 시민위원장, 공무원 등이 포함된 10명의 주민참여예산제 연구회를 조직하여 조례 개정에 대한 사항과 역기능 해소 방안 등에 대해 연구를 진행하도록 했다. 이를 통해 주민참여예산제의 효율성을 높이고 전문성을 강화하려는 노력을 기울인 것이다(이용환 · 송상훈, 2011). 지금도 예산참여지역회의와

예산참여시민위원회, 예산참여민관협의회 등을 구성
하여 운영하고 있다.

하지만 아직까지 주민참여예산제도는 제대로
정착되기 어려운 여건에 처해 있다는 전문가의 의견이
많다. 지방자치제가 어렵게 부활했지만, 여전히 중앙
에서는 자신들이 가지고 있는 권한을 놓지 않고 있기
때문이다. 이러한 상황이기에 서울과 경기도를 제외하면, 스스로 사업을
구상할 수 있는 지자체는 거의 없는 실정이다. 실제 서울과 멀리 떨어진
기초자치단체일수록 재정자립도가 낮아지는 현상을 볼 수 있다. 재정적인
권한뿐만 아니라 정치적, 사법적 권한도 마찬가지다. 현재 실시되고 있는
주민투표, 주민소환이라는 정치적 권한도 일정한 한계가 존재한다. 이렇
게 볼 때, 참여예산제도의 현실화를 위해서는 현행 지방자치법의 개정이
필요하다. 어떤 변화를 위해서는 그에 필요한 권한과 자원이 반드시 수반
되어야 하는 것이다.

그렇다면 참여예산을 위한 재원은 어떻게 확보할 수 있을까. 주민
참여예산제도에 필요한 적정 재원을 확보하기 위해서는, 지자체 자율성
제고 및 새로운 지역발전정책들을 뒷받침하기 위해 2015년 예산부터 개
편된 지역발전특별회계(생활기반계정, 경제발전계정, 제주특별자치도계정 및 세
종특별자치시계정) 중 생활기반계정의 일부를 주민참여예산제의 재원으로
활용하는 방법을 생각해볼 수 있다. 또한 농어촌 구조개선사업과 농어촌

특별세 전입금 사업을 효율적으로 추진하기 위하여 설치·운영되고 있는 농어촌구조개선특별회계를 활용하여 농어촌 지역의 주민참여예산제를 강화하기 위한 재원으로 활용할 수도 있다. 그 외에도 여러 가지 방법들을 고안하여, 국가 특별회계 예산 중 주민참여예산에 할당되는 비율을 2016년 3%에서 2020년 5%, 2025년 7% 수준으로 그 규모를 단계적으로 증대시켜 나가야 할 것이다.

참여의 기본,
상향식 시스템

주민참여예산제도는 시민 누구나 예산 편성에 참여하도록 하여 직접민주주의와 재정민주주의, 주민자치를 실현하는 데 그 의의가 있다. 하지만 시민 모두가 예산 과정에 직접 참여하는 것은 불가능하다. 이로 인해 대부분의 지방자치단체는 주민을 대표하는 기구를 설치하여 운영하고 있다.

그런데 대표기구를 통한 주민 의사 전달은 일반 주민들의 관심과 참여가 상대적으로 떨어져 자칫 일회적이고 형식적으로 이뤄질 수 있기 때문에, 아주 작은 지역단위에서부터 시작하여 중간 규모의 협의, 지방정부 차원의 주민참여예산위원회, 그리고 지방정부와 지방의회와의 협의 등

단계별로 의견을 조율해나가는 절차가 마련되어야 한다. 이는 참여예산의 기본 과정이 상향식 의사결정이어야 함을 의미한다. 즉, 소규모의 참여기구부터 시작하여 자치단체의 예산에 직접 참여하는 시민위원회에 이르기까지, 일반 시민들의 의견에서부터 예산과정이 출발하는 시스템을 만들어야 한다.

가장 작은 단위라고 할 수 있는 주민모임에서부터 토론과 협의를 활성화하고 주민들 스스로 자기가 살고 있는 마을에 대한 관심을 갖게 해야 한다(이용환·송상훈, 2011). 합당한 주민들의 의견은 최대한 수렴하고 이를 지방정부 정책에 반영할 수 있도록 해야 한다.

주민참여예산제도가 활발하게 운영되려면 무엇보다 시민들의 관심과 참여가 필수적인데, 이를 위해서는 주민참여예산제도에 대한 기본적인 이해가 선행되어야 한다. 우선 일반시민을 대상으로 하는 예산 기초과정에 대한 교육을 실시하여 예산에 대한 이해와 제도에 대한 흥미와 관심을 높여야 한다. 주민참여예산위원회에 위원으로 참여하는 시민들이 예산에 대한 기본적인 지식과 소양을 가지고 예산 편성 과정에 임할 수 있도록 예산학교를 운영하는 것도 좋은 방법이다. 직장인들도 무리 없이 참여할 수 있는 시간대에 수업을 개설하고, 예산위원회 위원에 선정된 시민들은 반드시 예산학교에서 교육을 받도록 의무화하는 방안도 생각해 볼 수 있다.

시카고 49th Ward 지역의 투표 모습 (출처: 수원시정연구원 발표자료)

나아가 지속적인 제도로 발전하기 위해 '주민참여예산연구회'와 같
은 모임을 구성하여 현재 상황에서의 문제점은 무엇이고, 앞으로 어떤 점
을 개선하면 좋을지, 그리고 의회와의 협력관계를 구축하는 방안으로는
어떤 것이 있을지 등을 논의하고 평가하여 지속적으로 발전해 나가는 노
력 또한 같이 이루어져야 할 것이다.

벤치마킹 사례 1 | 미국 시카고

시카고에서는 2013년 5월 국제예산협의체International Budget Partnership, IBP
주최로 제2회 세계 참여예산 컨퍼런스2nd International conference Participatory
Budgeting가 열렸다. 시카고에는 50개의 구district가 있는데, 이 중 4개의 구
가 주민참여예산제를 시행하고 있다. 가장 활발하게 이루어지고 있는 지

역은 멕시코 사람들과 저소득층 사람들이 주로 모여 살고 있는 곳이다.

시카고의 주민참여예산제의 운영 과정은 대체적으로 다음과 같다. 9월에서 10월 사이에는 전체 마을회의를 통해 지역에 필요한 예산 사업에 대한 수요를 확인하고 매년 대표자를 새로 선발한다. 대표자 회의를 통해 주요사업을 제안하고, 선정된 주요사업에 대한 주민 의견을 받는다. 마지막으로 지역 주민들이 투표를 통해 우선사업을 결정한다. 이후 선정된 사업이 잘 집행될 수 있도록 시민들이 모니터링한다(수원시정연구원, 2013).

시카고에서는 포르투 알레그레시와 달리 하나의 구district 차원에서 시민직접참여로 참여예산제가 진행되며, 참여할 수 있는 예산분야가 사회기반시설infrastructure에 한정된다. 예산은 약 112억 원 규모로, 보도블록을 보수하거나 가로 조명 설치, 도로의 재포장, 공원시설 조성 등 주로 물리적인 시설에 대한 예산 집행을 결정하는데 시민들의 참여가 이루어진다. 지역에 살고 있는 16세 이상의 주민은 누구나 투표에 참여할 수 있는데, 등록된 유권자나 법률적인 거주자, 미국 시민이 아니더라도 그 지역에 살고 있음을 증명하면 투표할 수 있다.

시카고 49th Ward 지역의 경우 이메일과 홈페이지, 모바일 폰, 페이스 북 등을 통해 주민들의 참여를 독려하고 있으며, 모바일을 통한 새로운 주민참여 모형을 개발하고 있다고 한다. 제2회 세계 참여예산 컨퍼런스에서 실제 투표를 진행했던 49th Ward의 경우 1,427명이 참여하고 그 중 62.8%가 찬성함으로써 보도 재포장과 거리 조명에 62만 달러를 사용하는 것으로 결정되었다.

벤치마킹 사례 2 | 독일 리히텐베르그(이호, 2012)

독일 리히텐베르그는 약 10년 전인 2005년부터 참여예산을 시행했다.

1989년 처음 도입된 브라질 포르투 알레그레와 비교하면 늦은 도입이지

독일 리히텐베르그 참여예산 과정.
(출처 : www.buergehaushalt-lichtenberg.de)

만, 크리스티나 엠리크 시장의 의지에 의해 지속적으로 시행되고 있다. 남미 지역의 참여예산제와 다른 부분은 정부의 부패와 불신에 따른 예산의 투명성과 효율성 확보라는 목적보다, 주민들의 참여를 통해 주민들에게 권한을 이양하고 직접민주주의, 참여민주주의를 실현하는데 그 의의가 있다는 것이다. 즉 리히텐베르그의 참여예산제도는 예산의 결정권을 주민들에게 돌려주자는데 가장 큰 목적을 두었으며, 주민들의 참여를 유도하는 다양한 프로그램의 방법으로서 도입된 것이다.

실제 리히텐베르그에서는 주민참여를 위한 다양한 시스템이 마련되어 있는데, 그 중 대표적인 것이 '마을Kiez 위원회' 구성이다. 행정구역과는 상관없이 5개의 권역을 나누어 구성된 마을위원회는 각각의 권역에 살고 있는 주민 10여 명으로 이루어져 있다. 원래는 어떤 특정문제를 해결하기 위해 자치적으로 조직된 모임인데, 문제해결 이후에도 지속적으로 운영되고 있다. 권역에 따라 한 개 이상의 위원회가 있는데, 현재는 16개의 마을 위원회가 있다. 이 위원회는 주민들의 의견을 듣고 행정과 주민 사이의 교량역할을 담당한다(이호, 2012). 공무원 1명이 위원회에 매니저로 파견 나오기도 한다. 시장은 분기별로 한 번씩 마을위원회를 초청하여 열린 대화의 시간을 갖고, 매달 둘째 주 월요일에는 직접 방문하여 마을위원회 위원 뿐 아니라 일반 주민들과도 의견을 교류하는 시간을 갖는다. 조례에서는 마을위원회에 대한 지원 내용을 담도록 하여, 시에서 위원회 활동을 돕도록 했다.

참여예산 편성에 의견을 제안하는 방법으로 인터넷 활용과 구역회의 참여, 우편전달의 3가지가 있다. 참여예산 홈페이지에는 많은 정보가 올라와 있으며, 누구든지 인터넷으로 의견을 제안할 수 있다. 인터넷상에서 자유로운 토론이 진행되며 온라인 투표로 우선순위를 결정할 수도 있다.

　　상시로 개설되어 있는 인터넷과 달리, 구역회의는 1년에 한 번만 열린다. 총 13개의 구역이 있고, 4~7월 사이에 주민들이 제출한 의견에 대한 토론이 이루어진다. 주로 학교나 교회에서 이루어지며, 약 100명의 주민들이 참여한다. 전체회의가 1번 열린 후, 주제별로 소모임을 갖고 심층적으로 몇 차례 토론을 진행한다. 이렇게 모여진 구역별 주민제안은 9월경 주민참여 투표를 통해 우선순위가 결정되고, 각 구역별로 상위 5가지 제안들이 선별된다.

　　우편을 통한 제안 방법은 주민들이 불현듯 생각난 아이디어를 언제든 작성해서 제안할 수 있도록 길을 열어둔 것이다. 우편으로 제안하는 경우, 구역에 관한 사항은 구역회의에서 나온 제안과 함께 논의되어 우선순위를 정하고, 구 전체에 관한 사항이면 인터넷을 통해 제안되는 주민참여로 분류하여 인터넷을 통한 10개의 우선순위를 정하는데 포함된다.

　　위 세 가지 방법을 통해 최종적으로 정해지는 예산은 13개 구역마다 5개씩 65개, 그리고 인터넷으로 결정되는 사안 10개를 합해 총 75개가 된다. 75개 예산은 2년 후에 예산에 반영되도록 하고 있으나, 전부가 반영되지는 않는다. 시 전체 사업예산의 6% 안에서 해결되어야 하기 때문이다. 또한 지역별 형평성이나 성별 특성도 고려하게 된다. 예산의 채택 여부는 여러 사항을 고려하여 리히텐베르그 지방의회에서 최종적으로 심의하고 확정한다.

홍경구

• 단국대학교 건축학과 교수 •

와 닿음

;

수원시는 철저한 준비를 통해 실현가능성을 높였고,
진정한 상향식 커뮤니케이션으로 보다 의미 있고 피부에 와 닿는 계획을 실행했다.
결코 성공은 우연한 것이 아니었다.

4

도시를 집행하자

結

우리 마을은
우리가
디자인한다

세계화 시대에 도시경쟁력을 갖출 수 있는 좋은
방법 중의 하나는 집단지성의 힘의 원천인 시민
들이 직접 도시정책 집행과정에 참여하는 것이
다. 그런데 지금까지 시민들은 주연보다는 조연의 역할밖에 할 수 없었다.
아무리 시민참여를 높여도 실제 정책 사업을 집행하는 주체는 공공公共이
차지했기 때문이다.

그렇다면 시민이 주인공이 되어 도시의 정책들을 집행하는 방법은

없을까? 물론 있다. 마을만들기! 말 그대로 시민들이 자신이 살고 있는 마을을 직접 계획하고 디자인하는 것이다. 이것은 추상적인 정책이나 계획이 아니라, 삶의 터전을 만들고 가꾸어 나가는 구체적이고 실천적인 방법이다. 시민이 도시를 직접 설계하고 실제로 그렇게 조성해나가는 마을만들기가 최근 도시재생을 위한 새로운 패러다임으로 부상하고 있다.

'마을만들기' 혹은 '마을가꾸기'는 1980년대부터 발전된 일본의 '마치즈꾸리まちづくり'가 1990년대 후반 국내에 소개되면서 정착된 용어이다. 마을만들기는 중앙정부에 의한 도시행정이 한계에 부딪히고, 지방정부의 역할 및 주민자치 활동의 중요성이 증대되면서 점차 대두되기 시작하였다. 이는 주민 스스로 지자체와 협력하여 삶의 터전을 만들어 나가는 일종의 '커뮤니티 디자인Community Design'개념으로서 구체적이고 실천적인 운동으로 자리 잡고 있다. 따라서 지역 주민들의 참여와 지자체의 협력이 마을만들기의 중요한 요소가 된다.

마을만들기의 본질은 실천적인 개념이므로, 어떻게 실현하느냐 하는 것이 가장 중요한 관건이다. 그런데 이를 실현하는 방법과 만들고자 하는 마을의 구체적인 모습은 그 지역의 특성과 마을 주민들이 처한 상황에 따라 매우 다양하게 나타난다(푸른경기21, 2008). 따라서 마을만들기에서 가장 중요한 것은 참여하는 주민들의 주체적인 모임을 활성화하는 것이다. 마을만들기는 혼자서는 절대 할 수 없기 때문이다.

마을만들기를 위해서는 먼저 공동체를 유지하고 유연하게 작동시킬 수 있는 시스템이 필요하다. 이 시스템은 마을공동체의 공통적 요소들을 충족하는 것이어야 하고, 이때의 마을공동체 역시 지역과 계층을 뛰어넘는 개념이어야 한다. 생각과 경제적 조건이 다른 사람들과 어떻게 함께할 것인가를 끊임없이 고민해야 한다. 즉, 마을만들기는 '내 이웃의 가치를 발견하고 눈에 보이지 않는 관계를 재구성하는 과정'을 통해 완성된다.

아울러 마을만들기는 주민들이 자신의 욕구를 자연스럽게 쏟아내는 장을 만드는 것에서 시작되어야 한다. 주민들이 자신들의 욕구를 실현해 나가는 과정이 바로 주민의 자발적이고 주도적인 참여를 이끌 수 있는 절호의 기회이다. 각 개인들이 원하는 바는 눈에 보이는 물리적인 환경의 변화일 수도 있고, 공동체적인 삶을 중요시하는 방향일 수도 있다. 단기적인 개선방안일 수도 있고, 미래지향적이며 장기적인 방향의 삶터 가꾸기일 수도 있다. 마을만들기를 주도하는 입장에서는 마을 주민들을 대상으로 어떠한 목표와 내용을 가지고 주민들이 스스로 마을을 가꿀 수 있도록 할지를 생각해야 한다. 주민 스스로 가꾸고 싶은 대상지를 찾고 직접 참여하여 사업을 실천하도록 하는 것이 가장 중요한 원칙인 것이다. 마을만들기로 인해 주민의 자발적인 참여 기회가 많아질수록 계획과 사업에 대한 주민의 동의와 이해가 높아지게 되며, 지역의 바람직하고 다양한 정책을 순조롭게 추진할 수 있게 된다.

처음에 마을만들기는 시민의 민주주의적 권리를 찾기 위한 시민 운동적 성격으로 접근되는 경우가 많았다. 19세기 초 미국은 시민개혁운동의 일환으로서 행정에 대한 감시와 위원회 활동을 통해 행정에 참여하였다. 일본은 산업화에 따라 심각하게 오염된 지역의 환경문제에 대응하기 위한 시민운동이 표출되면서 마을만들기가 시작되었다. 이후에도 도시인구 집중과 이로 인한 과밀문제, 도시기반시설의 부족, 급격한 도시화로 인한 도시행정의 미숙한 대처 등이 시민들이 직접 능동적으로 참여하게 되는 새로운 형태로 나타나게 되었다.

우리나라는 일본의 마을만들기 즉 '마치즈꾸리' 성과가 국내에 소개된 1990년대를 전후로 해서 마을만들기 운동이 시작되었다는 견해가 지배적이다. 1990년대에 들어서 우리 사회 전반에 민주화와 더불어 경제발전으로 인한 삶의 질 향상과 환경에 대한 관심이 증가하였고, 이러한 움직임이 사회에 대한 자발적인 참여로 이어진 것이다. 이렇게 시민들의 관심이 증대하면서 마을만들기가 자연스럽게 발전하게 되었다.

기존의 행정 주도적 사업들은 Top-down 방식, 즉 위에서 아래로 향하는 하향식 절차를 가지고 있고, 결과 중심의 평가를 중시해 왔다. 하지만 마을만들기는 이와 정 반대의 성격을 가지고 있다. Bottom-up 방

나는 서울보다 수원이 좋다

광주광역시 북구의 시화가 있는 문화마을 만들기

식, 즉 아래에서 위로 향하는 상향上向식 절차로서, 결과보다는 과정을 중시한다. 또한 행정에서 주관하는 사업들은 주로 개발 중심의 하드웨어 개선이었다면, 마을만들기는 물리적 환경개선과 더불어 공동체 활동이나 프로그램 등 소프트웨어 중심의 발전이라는 특성을 보인다. 마을만들기는 급격한 도시화 과정에서 파괴된 마을 공동체를 새롭게 복원하는 지속가능한 지역사회운동으로 뿌리내려가고 있다.

우리나라는 예로부터 두레나 향약과 같이 상부상조하는 공동체에 바탕을 두고 살아왔다. 하지만 급격한 도시화를 거치게 되면서 마을공동체를 찾아보기 어려워졌다. 다행스럽게도 이후 민주화가 정착되고 시민의식이 향상되면서 점점 마을공동체의 회복에 대해 관심이 증가하게 되고 그 중요성이 점차 확대되면서, 시민사회를 중심으로 마을만들기가 확산되기 시작했다. 예전처럼 이웃 간의 관계를 중요시하면서 생활환경에 대한 긍정적 변화도 함께 꾀하고 있다.

이렇게 시작된 마을만들기는 2000년대 들어 더욱 활발히 확산되고 있다. 국토교통부를 비롯해 안전행정부, 농림축산식품부 등 중앙정부 주도의 마을만들기 정책 및 지원 사업이 확대되고, 수원시와 더불어 서울시, 광주광역시 북구 등 지자체 차원에서도 다양한 지원제도와 사업이 진행되고 있다. 물론 일부 지역을 제외하고는, 관련 제도와 예산 지원이 사실상 제대로 이루어지지 않고 있어 지속적인 행정의 지원과 시민 참여의 유도 등 많은 과제가 남아 있다.

우리나라 대표적인 마을만들기 사업에는 대구광역시 삼덕동 골목 가꾸기, 광주광역시 북구 아름다운 마을 만들기, 그리고 서울특별시 마포구 성미산 마을 등이 있다.

그중 대구광역시 중구에 위치해 있는 삼덕동의 골목 가꾸기는 우리나라 마을만들기 운동의 효시라고 할 수 있다. 1998년 대구 YMCA의 김경민 국장이 골목 공동체를 회복하기 위해 자택담장을 허물면서 시작된 삼덕동 골목 가꾸기는, 개인이 시작한 운동이 어떻게 마을 전체의 운동으로 확산되어 성공적으로 정착할 수 있는지를 보여주는 좋은 사례이다.

김경민 국장은 자신이 살고 있는 집에 딸린 약 100㎡ 규모의 마당이 하루 종일 외부와 단절된 채 방치된 공간으로 남는 것을 안타깝게 생각하여, 많은 사람들이 함께 이용할 수 있는 방법은 없는지 고민하였다. 그러던 중 마당을 모든 마을 주민들이 사용할 수 있도록 개방하여 자연스럽게 동네 아이와 주부들이 모여 쉴 수 있는 공간으로 만들어보자는 생각했고, 곧바로 실행에 옮겼다. 우선 집 주인인 친구 장인의 동의를 얻어 1998년 11월 담장을 허물었다. 담을 허문 이후에는 자연스럽게 공원을 가꾸는 일로 활동을 이어갔다. 벽화 그리기와 나무 심기, 의자 배치 등 고품격 설계와 조경은 아니지만, 동네 사람들이 편하게 드나들 수 있는 공간을 만들었다. 이로 인하여 담 앞에 주차되던 차량들이 점점 사라지고, 대문 앞 무단 쓰레기도 없어지면서 아이들과 주민들을 위한 만남의 공간이 탄생하였다.

개인이 허물어버린 담장은, 이후 대구시와 대구사랑시민회가 협력하여 본격적으로 추진하는 담장 허물기 사업으로 발전하게 되었다. 마을주민들과 협력하여 각종 문화 행사와 담장 꾸미기 사업 등 '녹색문화마을 만들기 운동'이 시작된 것이다. 마을 주민들의 톡톡 튀는 아이디어가 다양한 행사들로 기획되었다. 유아와 초등학생들이 참여하는 꾸러기 그림대회와 골목 벽면을 활용한 골목 영화제 등이 개최되었고, 골목길의 주차장은 가로수나 벤치, 화분 등으로 채워졌다. 이러한 작은 이벤트에서 출발한 '삼덕동 문화마을 만들기 운동'은 병뚜껑 벽화 조성, 유기농산물 가게 운영 등 다양한 주민참여 프로그램으로 발전하였다. 또한 구 삼덕 초등학교 교장 관사였던 오래된 일본식 건물을 대구 YMCA가 위탁받아 마을 미술관으로 탈바꿈하여 2000년 4월 개관, 현재는 마을문화센터로 사용하고 있다.

대구 삼덕동 골목 가꾸기는 시민운동가이기 전에 지역 주민인 한 개인에 의해 시작된 운동이 마을 전체가 참여하는 운동으로 확산되고, 이후 시민단체와 행정의 적절한 지원과 홍보에 힘입어 대구시 전체로 확산된, 보기 드문 마을만들기 활동 사례이다. 특히 담장 허물기 운동은 공공기관을 중심으로 현재 전국적으로 확산되고 있다(김창석 · 황희연 · 김현수 · 이재준 · 안상욱 외, 2006a).

또 하나의 대표적인 마을만들기 사업의 성공사례인 성미산 마을을 알아보자. '성미산 마을'은 서울시 마포구 성미산을 둘러싸는 성산동, 서교동, 연남동 일대에 위치한다. 처음 시작은 1994년 맞벌이 하는 20여 가구가 아이들을 함께 키우는 공동육아를 위해 비용을 모아 어린이집을 만든 것에서부터였다. 어린이

집에서 시작된 커뮤니티는 학교로까지 발전했고, 아이들에게 먹일 음식에 신경을 쓰다 보니 자연스럽게 유기농 식품을 만들어 판매까지 하는 두레생협이 만들어졌다. 최근에는 육아와 교육, 생활, 문화, 경제까지 아우르는 마을 공동체로 확대되었다.

성미산 마을에는 공동체 육아조합인 어린이집, 방과 후 어린이집, 대안학교인 성미산 학교, 두레생활협동조합, 유기농카페 작은 나무, 반찬 가게인 동네 부엌, 장애인 자활센터, 성미산 밥상, 되살림 가게, 성미산 극장, 마을아카이브 등 주민들 스스로 만들어 운영하는 커뮤니티 시설이 곳곳에 가득하다. 이 뿐만이 아니다 성미산 대동계, 자동차 함께 타기 운동인 차 두레(카 쉐어링 조합), 한 땀 두레(봉제 조합), 음식물 퇴비화 프로그램인 멋진 지렁이, 비누 두레, 마포 희망 나눔, 성미산 FM, 지역화폐 두루, 성미산 배움터, 성미산 축제 등 보이지 않는 무형의 주민 주도 프로그램도 활발하다. 음악이나, 춤, 그림, 스포츠 등 마을에 사는 주민들이 함께 하는 문화·여가 동아리도 50여 개나 된다(조명래, 2010).

여기에 더해 최근에는 마음이 맞는 주민들끼리 조합을 만들어 공동주택을 짓는 '소통이 있어 행복한 주택 만들기'가 시도되고 있다.

성미산 마을은 대구 삼덕동과 같이 어느 한 사람의 노력으로 시작된 것이 아니고, 지자체 지원 사업과 같이 외부의 도움으로 활성화된 것도 아니다. 단지 주민들 스스로 삶에 필요한 것들을 마음에 맞는 사람들끼리 함께 바꿔나가려 노력하다보니 자연스럽게 성공적으로 정착되었다. 함께 살아가면서 서로 필요로 하는 것들을 힘을 합쳐 만들어 나간 것이다. 이러한 공동의 노력들은 이제 경제적 부가가치를 창출하기도 하고 문화적인 삶의 풍요로움을 제공하기도 하면서, 지속가능한 주민들의 진정한 자치적 공동체로 확대되고 있다(조명래, 2010).

늙은 도시를 살려낸 빼빼용 플랜

일본 후쿠오카 시의 도심에 있는 하카다 역 동쪽에 요시쓰카吉塚와 치요라는 마을이 있다. 요시쓰카는 화물역으로 변화한 지역이었고, 치요는 역사적인 거리 문화재를 다수 보유한 곳이다. 그러나 이 두 지역은 인구가 현저하게 줄어들고, 특히 젊은이들이 빠져나가 급속한 노령화가 진행되면서 옛날의 영화를 잃고 점점 낙후지로 변해갔다. 지역의 활기를 되찾자는 목소리가 나오기 시작할 무렵, 때마침 화물역의 기능을 상실한 요시쓰카 역이 화물 야적장으로 방치되어 있었고, 치요 지구의 대규모 공장이 다른 지역으로 이전하게 되면서 그 터 역시 비어있었는데, 이 두 개의 넓은 공간을 활용하여 새롭게 마을만들기를 추진하려는 움직임이 일어났다.

치요·요시쓰카 지구의 마을만들기는 지역 활성화의 필요성에 따라 시 당국에서 전문가를 초빙하여 기본적인 틀을 마련하되, 이를 적극적으로 홍보함으로써 지역 주민들이 자발적으로 참여하도록 유도하였다. 한편, 토박이라고 할 수 있는 지역 시민 이외에 일정 기간 동안만 머물렀다가는 외지인들도 마을 만들기의 중요한 주체로 참여시킴으로써 일반적인 행정가, 전문가, 오랜 지역 주민들이 발견하지 못하는 새로운 관점에서의 접근을 시도했다.

이해하기 쉬운 마스터 플랜을 제시해 지역 주민과 학생들의 참여를 접목시킨 새로운 마을 만들기 운동은 전문적인 지식의 범위를 넘어서, 생활인들이 놀이하는 기분으로 즐겁게 진행되었다. 특히 학생들이 마을 구석구석을 발로 찾아다니면서 마을 만들기의 창의적인 발상을 이끌어내었고 '어린이에게 가장 위험한 지역은 어디일까' 등의 다양한 주제를 통해 지역 모니터링의 기능까지 겸하게 되었다. 이러한 과정을 통해 평소 일반 시민들이나 지역 전문가의 관점에서 찾아내지 못했던 것들을 새롭게 발견할 수 있었고, 이를 바탕으로 다양한 마을 만들기 사업을 진행할 수 있었다.

치요 · 요시쓰카의 마을 만들기는, 계획안에 따라 마을 지도를 그리면 그 형상이 마치 나비가 날개를 펼친 모양과 같다고 해서 일명 '빠삐용 플랜'이라고 불린다. 마을 사람들의 마을에 대한 애정과 미래에 대한 기대감을 느끼게 하는 이름이다(이재준 · 염태영 · 장영석 · 김연진, 2004).

지옥에서 천국으로, 아바나의 기적

아바나! 따뜻한 햇살과 부드러운 바람이 연상되는 카리브 해에 위치한 아바나는 혁명의 나라 쿠바의 수도이다. 아바나는 14세기 이후 신대륙 식민지 경영의 중심지이자 무역의 중요한 중계지로 발전하여 라틴아메리카에서 가장 번영을 누린 도시였다. 현재는 약 220만 명의 인구가 모여 사는 카리브 해 최대의 항구도시다. 아바나는 세계문화유산의 도시이며 룸바rumba와 선son, 살사salsa 등의 강렬한 인상을 주는 음악과 춤을 가진 도시로 잘 알려져 있다.

문화와 예술, 관광의 도시로 한때 번영을 구가하던 아바나! 하지만 지도자들의 독재와 부정부패는 1959년 카스트로와 체 게바라의 쿠바 혁명으로 이어졌고, 아메리카 대륙 최초의 공산정권이 수립되었다. 생필품에서 전자제품에 이르기까지 거의 모든 물자를 수입에 의존하던 쿠바는 1989년 소련의 붕괴와(이재준, 2013c) 미국의 경제봉쇄정책 강화로 원유,

비료, 농약, 기계부품 등의 수입이 중단되면서 하루아침에 식량수급까지 걱정하게 되는 상황에 이르렀다. 다급해진 아바나 시민들은 자발적으로 도시 내 공지를 경작하기 시작했다. 이는 정열과 낭만의 도시 아바나가 도시농업으로 특화되기 시작하는 첫 움직임이 되었다. 자급자족은 물론 주민참여와 고용창출에 이르기까지 지속가능한 성장모델로 발전하게 된 아바나 도시농업은 다음과 같은 특징을 갖는다(이재준, 2013d).

먼저 아바나는 생태 유기농업에 의해 95%의 식량자급률을 가진 도시이다. 소련 붕괴 이전에는 비료와 농약을 가장 많이 썼던 아바나였지만, 모든 생필품 수입이 중단된 이후 자연스럽게 전통 유기농업 방식으로 전환하게 되면서 오히려 세계적인 유기농 선진사례로 발전하는 계기가 되었다.

또한 상향식 주민참여 방식에 의한 공동체 활성화를 통해 도시농업을 발전시켰다. 다양한 공동체들의 노력으로 아바나 도시 내에는 채소를 가꾸는 8,000여 개의 도시농장이 조성되었고 대규모 농산물 시장도 80여 개나 만들어져, 채소를 직접 자급자족할 수 있는 단계로까지 발전하였다.

그리고 아바나의 도시농업은 다양한 고용창출 효과에까지 기여하였다. 아바나의 40%에 해당하는 면적이 농지로 가꾸어지고 3만여 명의 시민이 농업에 종사하게 되어 아바나 전체 고용자의 7%에 해당하는 일자리를 책임지게 되었다. 도시농업으로 인해 늘어난 농지는 녹색 공간과 환경

보전에 대한 인식까지 바꾸었고 도시녹화운동을 통해 2,000만 그루의 식목이 식재되었다.

자연과 공존하며 인류의 삶을 영속적으로 꾸려가는 아바나의 도시농업은 자급자족은 물론 주민참여와 고용창출에 이르기까지 지속가능한 성장과 발전이 동시에 담보되는 미래의 바람직한 선진사례로서 손색이 없다(이재준, 2013c).

5

갈등을 조정하자

調

갈등葛藤은 칡과 등나무라는 뜻으로, 일이나 사정이 서로 복잡하게 뒤얽혀 화합하지 못함을 뜻한다. 이러한 갈등은 민주화와 정보화의 발달, 그리고 경제성장에 따른 삶의 질적 욕구가 늘어나면서 더욱 확대되고 있다.

사실 갈등은 사회 어디에서나 일어날 수 있는 일이다. 점차 민주화와 정보화가 진행됨에 따라 겪게 되는 하나의 진통이라고 할 수 있다. 어떤 사람은 갈등이 사회의 발전을 촉진하는 동력으로 작용한다고 주장하기도 한다. 그러나 갈등이 자연스러운 현상이고 순기능을 갖고 있다 하더라도, 무관심으로 방치해서는 안 된다.

우리나라는 최근 중앙은 물론 지방에서도 점차 갈등발생의 빈도가 높아질 뿐만 아니라, 그 양상 또한 복잡하고 다양해지고 있다. 2015년 한국보건사회연구원에 따르면 우리나라 사회갈등지수는 OECD 34개국 중 27위로 취약한 상태임을 알 수 있다. 이에 따른 사회적 비용도 적지 않다. 삼성경제연구소에 따르면 2009년 GDP(1,083조 원)를 기준으로 할 때, 연간 갈등비용은 300조 원에 이르는 것으로 나타났다. 한편 우리나라의 갈등 수준을 OECD 평균으로 완화할 경우 국내총생산GDP이 27% 증가할 것으로 예측되었다. 갈등을 잘 조정하면 생산성이 크게 향상된다는 것이다.

갈등은 우리 사회 어디서나 발생할 가능성이 높지만, 안타깝게도 관련된 사람들 모두가 만족할 수 있는 해결책을 만들기는 어렵다. 갈등을 원만히 해결하지 못하고 오히려 악화시킬 경우 갈등과정에서의 비용과 시간 손실뿐만 아니라 감정적으로도 상처와 불신을 남기게 된다. 따라서 갈등으로 인한 부정적인 효과를 최대한 줄이고, 이해관계자 상호 간의 협의를 유도할 수 있는 갈등관리가 필요하다.

갈등관리는 갈등을 효과적으로 조율하고 소모적인 분쟁이 되지 않도록 적절히 통제하고 관리하는 것이다. 우리나라는 '공공기관의 갈등 예방과 해결에 관한 규정'에서 갈등관리를 공공기관이 갈등을 예방하고 해결하기 위하여 수행하는 모든 활동으로 규정함으로써 갈등해결과 예방을 모두 포괄하는 의미로 사용하고 있다. 이 시대에 중요한 화두로 떠오르는 '갈등을 어떻게 관리하고 조정하고 해결할 것인가' 하는 문제는 우리 도시의 지속성을 유지하는 데 디딤돌 혹은 걸림돌이 되고 있다.

Wittgenstein의 오리-토끼 그림

Wittgenstein의 오리-토끼 그림(한쪽은 사업의 정당성에 주목해서 오리라고 말하고 다른 쪽은 합법성을 고집하며 토끼라고 주장하지만, 실제로 토끼와 오리는 하나의 형상임)처럼 우리는 같은 그림을 보고 저마다 다른 주장을 펼치고 갈등을 일으키고 있는지도 모른다. 서로가 바라보는 관점이 다르다는 이유로 우리 사회는 많은 갈등을 안고 살아간다. 서로에게 관심을 가지고 상대의 이야기를 들어본다면, 각자의 입장에 따라 다르게 보였던 그림이 어느새 한 그림으로 일치되어 합리적인 해결에 도달할 수 있지 않을까?

훈데르트바서가 설계한 비엔나의
슈피텔라우 쓰레기 소각장.
발상을 뒤집는 새로운 생각으로
모두가 기피하던 시설을
환영받는 시설로 변화시켰다.

독일의 유명한 건축가이자 화가, 환경운동가인 훈데르트바서가 제안한 슈피텔라우 쓰레기 소각장은 우리에게 많은 가능성을 시사한다. 오스트리아 비엔나에 위치한 슈피텔라우 쓰레기 소각장은 독특한 디자인과 알록달록한 색채로 유명하다. 소각장에서 발생한 열은 주변에 거주하는 6만 세대 주민들에게 난방 서비스로 제공된다. 모두가 기피하는 시설이 지역의 멋진 랜드마크가 되었을 뿐만 아니라 지역 주민들에게 이로운 혜택까지 주고 있다. '모두가 함께 꿈을 꾸면 새로운 시작이 된다'라는 훈데르트바서의 말처럼, 서로 다른 생각을 이해하고 협력한다면 갈등해결을 위한 새로운 대안을 모색해 볼 수 있을 것이다.

갈등 해결을 위한 기본 원칙

그렇다면 합리적으로 갈등을 풀어나가기 위해서는 어떻게 해야 할까? 갈등으로 인한 사회적 문제의 심각성을 인식한 정부는 선진국의 갈등 관리 시스템을 참고하여 우리나라에 적용시킬 방안을 마련한 바 있다. '공공기관의 갈등 예방과 해결에 관한 규정(대통령령 제221185호)'을 제정함으로써 갈등을 사전에 점검하고 예방하는 갈등영향분석이나 참여적 의사결정의 도입, 갈등조정회의를 통한 갈등해결 등의 제도적 틀을 정립한 것이다. 아직 법적 구속력을 갖고 실천에 옮겨지기 위해서는 보완해야 할 부분이 많지만, 갈등관리를 위한 기본적인 시스템을 마련했다는 데 큰 의미가 있다.

갈등 관리에 있어 무엇보다 중요한 것은 갈등을 예방하고 해결하기 위한 기본적인 원칙을 지키는 것이다. 정보공개와 주민참여 기회 마련, 적절한 합의절차 등이 이에 해당되는데, 이런 기본적인 원칙을 수용하고 적극적인 대화의지를 보이는 것이 갈등을 원활히 해결하는 지름길이라 할 수 있다.

정보공개와 소통의 원칙이 중요한 이유는, 아무리 훌륭하고 반드시 필요한 정책이라 할지라도 시민들이 알아들을 수 없다면 더 이상 시민과 공익을 위한 것이 아니기 때문이다. 관련 전문가만 알아들을 수 있는 학술적이고 전문적인 용어로 설명해서는 안 되며, 시민 누구나 이해할 수 있도록 쉽게 설명되어야 한다. 먼저 의사소통이 이루어진 다음에야 동의도 반대도 할 수 있는 것이다. 이런 과정을 거쳐야 비로소 서로의 양보와 이해를 통해 해결점에 도달할 수 있게 된다. 불도저처럼 무조건 밀어붙이는 방식의 정부사업도, 무조건 반대하는 시민단체나 지역이기주의도 이제는 지양해야 한다.

참여기회의 보장은 계획이나 정책 결정의 초기단계부터 이루어져야 한다. 즉, 정책사업과 계획, 시설의 필요성과 타당성을 검토할 때부터 해당 주민들이 참여할 수 있는 기회를 보장해야 한다. 사업을 추진하는 입장에서는 긁어 부스럼을 만든다고 생각할 수 있다. 하지만 계획 초기의 주민참여 과정을 생략할 경우 이후 더욱 심각한 갈등을 일으키게 될 가능성이 높으며, 이를 해소하기 위해서는 더 많은 사회적 비용이 소요될 수도 있다. 정보를 알리고 주민들의 의견을 들을 수 있는 기회를 마련함으로써 주민들은 지역주민으로서의 권리를 인정받는다고 생각하게 되고, 이는 갈등해결을 위해 능동적으로 대처하는 자세로 이어질 수 있다.

적절한 합의절차는 주민들에게 신뢰를 얻을 수 있는 기회이다. 그런데 대부분의 경우 주민들의 의견을 청취하는 체계적인 절차를 밟기보다는 공청회 등과 같은 일방향적인 방법에 의존하고 있다. 또한 주민들의 의견중 감정적인 부문은 무시하는 오류를 범하여 주민들은 자신들의 두려움이나 관심이 사업계획에 반영되지 않을 것이라는 판단 아래 격분하게 되고, 이것이 갈등 심화의 원인이 되는 경우가 많다. 따라서 지역주민이 신뢰할수 있는 대표집단과 공익을 대변하는 시민단체, 사업주관자의 열린 자세와 투명성, 그리고 중립적 전문가의 중재를 통한 적절한 합의절차가 진행되어야 한다.

마지막 원칙은 상호 신뢰와 진정성이다. 우리 사회 대부분의 갈등은 서로를 신뢰하지 못함으로써 일어나는 경우가 많다. 진정성을 가지고 대화와 협력을 통해 문제를 해결해 나가려는 노력을 기울인다면 서로의 신뢰를 회복하게 되어 생각보다 쉽게 갈등을 해결할 수 있을 것이다.

갈등관리도
유비무환!

그동안 우리나라는 대부분의 정책을 결정할 때 관료적이고 하향적인 DAD Decide-Announce-Defend 방식, 즉 충분한 토론과 여론형성과정 없이 일방적으로 사업을 결정decide한 뒤 발표announce하고, 결정된 사항에 대해 방어Defence하는 방식으로 진행해 왔다(이재준, 2012f). 이 과정에서는 효율성과 공익성을 이유로, 정책에 반대하는 사람들을 억압하는 경우도 종종 있었다. 그러나 이런 방식은 올바르지 않을뿐더러 더 이상 가능하지도 않다. 이제는 정부가 의사결정을 하기 전에 그 결정으로 인해 영향을 받게 되는 사람은 누구인지, 그들의 이해관심사는 무엇인지, 갈등이 일어날 경우 어떻게 해결해 나가야 할지 등을 열린 마음을 가지고 미리 검토하는 것이 필수인 시대가 되었다.

갈등에 대한 사전점검은 계획안 결정 이전에 이해관계자들의 입장을 충분히 들어 사업 진행 중 발생할 수 있는 갈등구조를 파악하고 이를 토대로 실현가능한 해결방안을 생각해 보기 위한 것이다. 갈등을 사전에 점검하는 방법으로는 '갈등영향분석'이라는 것이 있다. '갈등영향분석'이란 법이나 제도, 정책, 계획, 사업 등을 시행할 때 발생할 것으로 예상되거나 이미 발생한 갈등의 쟁점, 이해관계자, 이해관계 등을 밝혀내고 합의형성이 가능한지를 진단하여 적절한 합의 절차를 마련하는 과정을 말한다.

갈등영향분석을 통해 사전점검을 하는 것은 시간과 노력, 그리고 비용이 많이 소모된다. 이 때문에 갈등영향을 분석하는 것을 불필요한 작업이라고 생각되는 경우가 많다. 정책 사업을 추진하는 대부분의 정부 관계자들은 정책으로 인해 예상되는 효과와 이해관계자에 대해 철저히 파악하고 있고, 완벽한 해결방법까지 준비되어 있다고 생각한다. 하지만 지속가능발전위원회는 이러한 섣부른 생각이 정책의 결정과 집행과정에서 심각한 갈등을 불러일으킬 수 있고, 사회적 약자의 인권과 이익을 침해할 수 있다고 지적하고 있다.

갈등에 대한 주요 점검내용

① 갈등이나 합의 형성 과정에서 이해관계에 있는 사람은?

② 이해관계자들에게 가장 중요한 쟁점은?

③ 현재 제도적, 재정적, 그리고 다른 제약요인에서 합의형성 절차가
  필요한가?

④ 만일 그렇다면, 어떤 상황조건에서 이해관계자들이 참여하는 데 동
  의할 것인가?

갈등영향분석에 의한 사전점검은 합의절차 도중 중요한 이해관계자를 놓치게 됨으로써 제기될 수 있는 합의 노력 부족 등의 비판을 예방할 수 있으며, 중요한 쟁점이 누락되는 것 또한 방지할 수 있다는 이점이 있다. 예상하지 못한 새로운 쟁점이 떠오르게 되면 갈등이 확산되거나 증폭될 수 있기 때문에 미리 예방하려는 노력이 필요한 것이다. 또한 합의형성을 가로막는 다양한 장애요인을 제거하고 참여하기를 주저하는 집단을 설득하여 진행되는 사업과 행정에 대한 신뢰도를 높일 수 있고, 이해관계자가 다른 대안을 가지고 있을 경우에는 적절한 절충지점을 찾아 합의과정을 단축할 수 있다.

대화가
필요해~

기존에는 정부가 정책을 결정할 때 공청회나 시민교육, 선거, 여론조사, 계획안에 대한 의견제시 등의 방법을 써왔다. 그러나 이런 관행적인 시민 참여의 방법은 매우 미약한 효과만을 가질 뿐이다. 시민들은 계속적으로 정보로부터 단절될 수밖에 없고, 정부의 목적달성을 위한 맹목적인 정책추진으로 인해 사회 전체적인 공익과 가치가 반영되지 못하게 된다. 이런 현상이 지속되다 보면, 시민들은 매우 중요하다고 여기는 가치가 무시되는 것을 반복적으로 목격하게 되어 집단적으로 그 가치를 위해 움직여야겠다고 판단하고, 그 에너지를 시민운동으로 표출한다. 그러나 이런 사회적 시민운동도 사실 무조건적인 반대만을 외치는 경우가 많아, 시민들의 진정한 참여를 위한 고민은 여전히 미결의 숙제로 남게 된다.

지금 우리사회는 정부의 정책결정이나 도시계획 과정에서 참여하는 다양한 주체들 사이 의견을 효율적으로 조정하고 그에 대한 책임을 공유하는 새로운 시민참여 방법이 필요하다. 그런 의미에서 '협의체'는 대안적 시민참여의 이론적 근거와 구체적 방법의 기준을 제시해주는데, 최근 '지속가능발전협의회'라는 방식을 도입한 송산그린시티는 협의체의 원칙을 적용한 사례로서 적잖은 의미를 갖는다(이재준, 2012f).

'협의체'는 계획수립단계에서부터 시민의 의견 반영과 조정에 대해 자문활동을 하는 기구다. 지역시민, 지역단체, 개발기관, 지역전문가, 공무원 등의 이해관계자로 구성되며, 계획수립과정에서 제시되는 다양한 사업 내용을 검토한다. 협의체는 개발계획을 무조건 반대만 하는 네거티브negative적 시민운동에서 벗어나, 협의과정을 거쳐 친환경적인 개발 대안을 제시하는 포지티브positive적 도시개혁 시민참여를 추구한다.

협의체는 직접적인 이해관계를 가지는 개인 또는 단체와 간접적인 이해관계를 형성하는 시민단체, 마을 만들기의 전문성 보완을 위한 전문가 등 15~20인 내외의 인원으로 구성된다. 기초 자치단체 단위의 사업지구별로 구성하여 상시 운영함을 원칙으로 하고, 사업진행과정에서의 갈등

현안을 해결한다.

협의체를 운영하기 위해서는 먼저 원칙이 정립되어야 한다. 합의에 의한 의사결정과 의견불일치 해소를 위한 과학적 연구·조사, 정보의 공유, 공동학습, 집중토론 등의 원칙을 설정하여 협의체의 원활한 운영을 도모해야 한다. 여기서 필요한 것이 '참여적 의사결정 방법'을 통한 의견 조율이다. 갈등영향분석을 통해 이해관계자와 쟁점 등을 파악하고, 협의체 구성을 통해 이해관계자들이 모여 의견을 나눌 수 있는 체계를 마련한 뒤에는 상호 존중하며 협력적 대안을 나눌 수 있는 '참여적 의사결정 방법'을 활용하는 것이 바람직하다. '참여적 의사결정 방법'은 문제점을 지적하고 반대하는 부정적·비판적인 성격이 아니라, 합의를 통하여 문제를 해결하는 데 기여하기 위한 긍정적·우호적 의미의 시민참여이다. 여기서는 단순히 피상적인 민주주의 방식에 의한 의사결정이 아니라, 충분한 검토와 논의 과정을 거쳐 민주적 선택을 통해 의사결정이 이루어진다.

민원 해결사, 시민배심원제

행정은 항상 각종 민원과 마주하게 된다. 민원은 개인 민원에서 집단 민원에 이르기까지 다양하다. 또한 민원은 공익을 위한 요구일 수도, 사익을 위한 요구일 수도 있다. 이러한 각종 민원들은 종종 갈등으로 발전한다.

수원시는 정책추진과정에서 이해당사자 간의 대립과 장기간 지속되는 갈등을 해결하기 위한 방안으로 '시민배심원제'를 도입했다. 시민배심원제도는 갈등이 빚어지는 시의 정책과 또는 주요 사업에 대해 이해관계가 전혀 없는 시민들이 배심원으로 참여하여 객관적이고 합리적인 해결방안을 모색하는 제도이다.

시민배심원제는 시정의 주요 시책이나 사업 결정, 다수의 이해관계가 얽힌 집단민원, 지역개발과 관계된 민원 등과 관련하여 모집을 하는데, 50명 이상의 시민이 신청할 경우 심의대상으로 선정될 수 있다. 시민들이 신청한 안건은 7명의 각계 전문가로 구성된 심의대상결정위원회에서 사전에 심의·결정하도록 하고 있다. 시민법정은 판정관, 부판정관 각 1명을 포함하여 사안별 시민배심원, 심의대상 민원 당사자 등으로 구성한다. 판정관과 부판정관은 법률 전문가, 대학교수, 시민단체, 종교계 대표, 그 밖에 시정에 관한 식견과 경험이 풍부한 사람 중에서 위촉한다.

예비 배심원은 특정집단에 편중되지 않도록 지역별, 성별 대표성과 분야별 전문성을 고려하여 선정한다. 심의 안건이 정해지면 시민배심원은 예비배심원 200명 중 무작위 추첨에 의해 결정된다. 다만, 추첨결과 해당 사안에 대한 전문성이 있는 배심원이 부족할 경우 예비 배심원 중 전문가를 지명하여 위촉하게 된다. 그러나 이해당사자 또는 심의 안건과 직접 이해관계가 있는 경우에는 참여할 수 없다.

수원시에서는 특별한 자격 요건 없이 만 19세 이상인 시민이라면 누구나 시민예비배심원이 될 수 있도록 문을 활짝 열어두었다. 시민예비배심원은 총 200명 이내로 구성되는데, 공개모집과 추천에 의해 10~20명 이내의 인원을 선정한다. 수원시는 2011년 7월 첫 번째 시민예비배심원 공개모집을 실시하였고, 2012년 2월 아주대 법학전문대학원에서 첫 시민배심법정이 열렸다. 당시 사안은 재개발 115-4구역 내 주민 233명이 청구한 '팔달구 매산로3가 115-4구역 재개발사업 구역 지정 해제 및 추진위 허가 취소건'이었다. 시민배심원단은 "재개발 반대 측에서 청구한 지구 지정·해제 건은 법적으로 불가능한 부분이 있어 기각하고, 추진위 취소 건은 시에서 토지주 전수조사를 통해 취소 여부를 확인하는 것이 합당하다" 고 평결하였다(박수철, 2012). 구속력이 없는 심의 결과였지만 시민배심원제의 첫 번째 평결은 커다란 사회적 파장을 불러왔고, 결국 정책적으로 반영되었다. 그리하여 팔달구 매산로3가 115-4구역 재개발사업은 평결 이후 수원시 도시계획위원회에 회부되어 위원들로부터 구역 지정 해제 및 추진위 허가 취소 결정으로 결론지어졌다.

울산광역시 북구도 시민배심원제를 도입하여 갈등을 해결한 경험이 있다. 울산광역시 북구는 남은 음식물을 친환경적으로 처리하고자 음식물

자원화시설을 설치하려 했으나, 주민들이 혐오시설로 인식하여 설치를 반대함으로써 갈등이 빚어졌다.

공개토론회, 주민설명회 등의 개최로도 주민과 행정 간의 갈등이 좀처럼 좁혀지지 않자, 북구는 적극적인 시민참여 방법이자 평화적인 해결방안으로서 시민배심원제를 도입하게 되었다. 결국 2004년 12월 5일에 주민과 행정기관이 함께 서면 합의서에 서명을 하였고, 배심원제 전원합의에 따른 공동 기자회견을 발표했다(김태홍, 2005).

첫 시민배심법정 모습

대규모 갈등조정 사례 1 │ 시화지속협의회

거버넌스 체계 구축과 합리적 의사결정에 있어서 갈등 조정은 매우 중요한 사안이다. 시화지역 지속가능발전협의회(이하 시화지속협의회)는 대규모 개발 사업에 따른 갈등을 조정하고 사회적 합의를 이끌어낸 대안기구로서 주목받고 있다. 시화지속협의회는 개발계획의 구상단계에서부터 시민과 개발주체(정부)가 머리를 맞대고 실체적 합의를 이끌어 냈다는 점에서, 일방적 사업 확정 뒤 갈등이 곪아 터진 뒤에야 마지못해 구성하던 그동안의 민간협의체나 갈등조정기구의 한계를 뛰어넘는 새로운 합의형성의 가능성을 제시했다는 평가를 받고 있다.

시화지속협의회는 우리나라 환경문제 1번지로 인식되는 경기도 시화지역의 환경오염 개선과 친환경적인 개발을 위하여 중앙정부, 지자체, 시의회, 지역 환경단체, 지역전문가 등으로 구성된 기구이다(이재준, 2007b). 협의회는 공동위원장(2인)과 지역 국회의원(4인)이 고문을 맡고, 정부와 지자체(13인), 공공기관(4인), 민간단체 및 전문가(17인) 등 총 38명이 모여 활동 중이다. 이와 같이 다양한 구성원이 참여하는 시화지속협의회는 체계적인 거버넌스에 기초한 합리적인 논의 구조로 진행된다.

시화지속협의회는 회의 개최 일정과 시간을 정하여 정기적인 모임을 유도하고, 회의 때마다 회의록과 더불어 회의결과를 정리하여 투명하게 공개하는 등 자체적으로 마련한 협의회 운영 원칙을 잘 적용했다. 또한 사전논의를 통해 협의회 회의가 원만하게 진행되도록 준비하고, 다수결이 아닌 합의에 의한 의사결정을 유도하여 소수의 의견을 최대한 존중하도록 했다. 그러다가 만약 논의과정에서 의견이 대립될 경우 사안에 따라 집중토론, 전문가 자문, T/F팀 구성, 공동학습과 연구수행 등 불일치를 해결할 수 있는 합리적인 자체 갈등관리구조를 마련하여 협의회의 지속성을 도모하고자 했다.

이러한 합리적인 논의 구조 속에서 시화지속협의회는 시화MTV와 송산 그린시티 국책사업에 관해 개발과 보전이 조화되는 잠정적인 합의를 도출하고 있다. 시화MTV의 경우 환경오염을 최소화하고 해안 갯벌과 경관을 보전할 수 있는 친환경적인 토지이용구상과 개발규모(당초 318만평 개발 규모에서 280만평으로 축소)에 대한 합의를 도출했다. 또한 송산 그린시티의 경우도 철새와 고라니가 서식할 수 있는 우리나라에서 가장 성공적인 생태도시이자 관광 · 레저 중심의 휴양도시 건설을 목표로 하는 계획안에 대해 잠정적 합의를 도출한 상태이다.

그러나 시화지속협의회가 사회적으로 충분한 성공사례로 남기에는 아직 부족한 부분도 많다. 최근 협의회는 시민의 대표성 여부와 시민의견 수렴의 적절성 측면에서 그동안 미흡한 운영을 해왔다는 자체적 평가를 내리고 있다. 이를 보완하기 위해, 지역현안과 관련된 주민들과의 직접적인 의사소통과 충분한 의견 수렴을 도모하는 지역별 · 주제별 · 쟁점별 소위원회 구성 등 다양한 주민참여 시스템을 준비하고 있다. 또한 지역주민과 기업들의 자발적인 참여를 유도하기 위하여 지속적인 교육과 홍보 활동은 물론, 그들이 직접 참여하는 소위원회 활동과 모니터링 체계를 마련하고 있다. 아울러 그동안 합의된 많은 쟁점사안들이 잘 추진되고 있는지를 관리·감독하는 임의기구인 협의회를 제도화하는 방안도 추진하고 있다.

현재 시점에서 볼 때 시화지속협의회는 아직 미완성이지만, 그동안의 활동들은 '합리적인 논의구조', '개발과 보전의 조화', '환경오염 개선노력' 등의 선진적인 길을 걸어온 우리나라 시민참여 환경운동의 좋은 성공 사례라고 평가할 수 있다(이재준, 2007b).

대규모 갈등조정 사례 2 | 송산 그린시티 토취장 소위원회

송산 토취장 갈등조정 역시 합리적인 조정자 역할을 충실히 해낸 모범적인 사례 중 하나이다. 송산 그린시티는 한국수자원공사가 화성시 송산면 일대 시화호 남측간석지에 6만 가구 15만 명 규모의 개발 사업을 실시해, 오는 2020년 완공을 목표로 추진하고 있는 신도시이다. 전체 5천 780만㎡ 규모로 추진되는 송산 그린시티 개발 과정에서, 화성시는 2008년 8월 20일 개발계획 변경 안을 고시하면서 송산면 일대 산지 305만㎡를 토취장으로 지정하였다. 매립을 통한 새로운 신도시 조성을 위해서는 대규모 매립 토량이 요구된다. 이에 따라 통상적으로 신도시 인근 산지를 토취장으로 지정해 이 대규모 매립 토량을 확보하게 되는데, 이 과정에서 시행사 수자원공사와 토취장인 송산지역 주민들과의 첨예한 갈등이 발생하였다. 평생의 삶의 터전이 사라질 위기에 처한 송산면 일대 주민들은 대책위원회를 구성하고 집단시위에 나서는 등 크게 반발하기 시작하였다.

반대하는 주민들의 목소리가 점점 사회적인 문제로까지 커지게 되자, 논의 끝에 시화지속협의회 도시계획분과 내에 송산 토취장 소위원회를 구성하여 갈등을 해결하기로 하였다. 필자가 위원장으로 활동했던 도시계획분과의 합의에 따라 소위원회는 12인 내외로 구성하고 논의 기간은 4개월로 한정하였다. 의사결정 방식은 시화지속협의회 운영규정에 따라 가능한 한 전원참석 합의로 하되, 미합의 시 의사결정방식에 대해서는 차기회의에서 논의하여 결정하고 합의된 사항은 재론하지 않는 것을 원칙으로 했다. 원활한 회의진행을 위해 회의개최 5일 전까지 위원들에게 회의자료를 배포하고, 불가피할 경우 사전에 위원들에게 유선으로 양해를 구하는 방식을 취했다. 이렇게 시작된 토취장 소위원회는 중립적이고 객관적인 위치에서 논의 과정을 설계하고 사실관계를 확인하였다. 또한 대화단절로 어려움에 직면한 상황에서는 공식·비공식적 대화 채널을 십분 활용하여 상호 이해를 도모하였다. 교착상태에 빠질 경우에는 제3의 절충적 대안을 제시함으로써 생산적 논의가 가능하도록 유도하고, 다양한 설득기술을 활용하여 최종적인 합의 도출에 중대한 기여를 하였다.

소위원회가 구성된 지 4개월 만에 복잡했던 갈등을 슬기롭게 해결한 송산 토취장 사례의 사회적 의미는 다음과 같다.

첫째, 공공갈등의 해결에 누구보다 주민이 주도적인 역할을 수행하였다.

둘째, 흔히 갈등상황에서 주로 주민의 편에서 그들의 입장을 대변하고 옹호하던 시민단체가, 양 당사자에 대한 신뢰를 기반으로 중립적 조정자로서 갈등해결을 촉진하는 역할을 원활히 수행하였다.

셋째, 치밀한 계획과 설계에 기초한 효과적인 논의 또한 의미 있는 점이다. 한 번의 회의에서는 한 가지씩 논의하고 해결이 된 후에야 다음 논의로 들어가는 순차적 논의방식이 아닌, 한번 회의에서 몇 가지 주제를 동시에 다룸으로서 참여자 모두가 상황 전체에 대한 이해를 기반으로 할 수 있었다.

논의 과정에서 발생하는 다양한 의견 대립은 관련 전문가가 현장 확인을 통해 바로바로 해결하기도 하고, 때로는 비공식적인 대화 채널이나 집중토론을 통해 해결하기도 하였다. 토취장 논의과정에서 이견을 해소하는 방법으로 가장 빈번하게 사용된 방법은 사실 확인이었다. 이를 통해 사적인 이익이나 감정에서 비롯된 의견이나 대안들을 합리적으로 가려낼 수 있었다.

김병익

· 수원시 마을만들기 추진단장 ·

다가감

;

우리가 이룬 가장 큰 성과는 행정이 주민에게 한걸음 다가갔다는 것이다.
질적 성장이나 속도에 집착하기보다는 시민과 함께 가는
진정한 거버넌스가 가장 중요하다.

Chapter

03

수원시가 이룬
작은 기적

순조로운 출발이었다. 시민계획단에 참여한 시민들은 편하게 각자의 의견을 이야기하기 시작했다. 제시된 의견들은 함께 참여한 전문가와 분과장이 정리하였다. 이 과정이 반복되자 시민들이 그리는 수원의 미래가 조금씩 윤곽을 드러내기 시작했다. 처음에는 모두가 반신반의했다. '말로만 시민의견을 수렴했다고 포장하고 우리를 거수기로 쓰려는 거 아니냐'고 의심하던 사람들이 바뀌었다. 첫 모임 이후 시민참여 도시계획에 대한 기대는 점차 확신으로 바뀌어 갔다.

1
참여를 축제로,
시민계획단

어색한
첫 만남

"우리가 어떻게 의견을 제시하면 좋을까요?"

"평소에 생각했던 수원시의 문제점과 그에 대한

해결방안을 편하게 말씀해주세요. 그러면 운영

팀에서 정리하도록 하겠습니다."

전문가나 엘리트 보다 현명한 의사결정을 내린다는 집단지성의 철학

에 기초해, '수원의 미래, 시민의 손으로 만들어갑니다'라는 (수원시, 2012)

정책 브랜드 아래 추진된 수원시 시민계획단의 첫 번째 사전 분과 토론 현장이다. 도시계획에 대한 경험이 전혀 없는 일반시민들이 모여 수원의 미래를 결정해야 한다고 하니, 다들 무슨 말을 어떻게 꺼내야 할지 난감해하는 표정이었다. 모임을 준비한 시민계획단 운영팀도 충분히 예상했던 일이었다. 우선 서먹서먹한 분위기부터 풀고 앞으로 어떤 식으로 시민계획단을 운영해나갈 것인지를 차근차근 설명해 나가야 했다.

"지동에서 끔찍한 사건이 일어났었는데, 수원시에서 뭔가 대책을 마련해주셨으면 좋겠습니다." 시민계획단 중 한 분이 먼저 의견을 내었다. 시민들이 안심하고 살 수 있도록 지동 사건과 같은 일이 일어나지 않도록 해달라는 제안이었다. 수원시민이라면 누구나 공감할 만한 얘기였다. 언뜻 이런 것들이 도시계획과 무슨 관련이 있을까 하는 생각이 들 수도 있다. 하지만 이 의견을 '범죄 없는 도시, 수원'이라고 정리하고 이에 필요한 전략을 수립하면 도시계획이라는 큰 그림에 다가가게 된다.

순조로운 출발이었다. 이런 식으로 시민계획단 분과토론에 참여한 시민들은 편하게 각자의 의견을 이야기하기 시작했다. 제시된 의견들은 함께 참여한 전문가와 분과장이 정리하였고, 이 과정이 반복되자 시민들이 그리는 수원의 미래가 조금씩 윤곽을 드러내기 시작했다. 처음에는 모두가 반신반의했다. 사실 '우리가 제시한 의견이 반영되기는 하는 것이냐', '말로만 시민의견을 수렴했다고 포장하고 우리를 거수기로 쓰려는 거 아니냐'며 의심하던 시민계획단 구성원들이 많았다. 그러나 첫 모임 이후 시

나는 서울보다 수원이 좋다

2012년 최초의 시민계획단 모임에 시민들이 찾아왔다.

민참여 도시계획에 대한 기대는 점차 확신으로 바뀌어 갔다.

수원시는 우리나라 최초로 직접 참여를 바탕으로 한 시민주도형 도시계획 모델을 개발하여 실제 도시계획을 추진하였다. 자발적으로 참여한 시민계획단이 주말마다 시청에 모여 '2030년 수원 도시기본계획'을 주도하였다. 성인은 물론 미래의 주인공인 청소년들도 함께 참여하였다. 도시계획전문가와 대학원생이 분과별로 참여하여 어려운 도시계획 제도와 내용을 함께 토론하면서 시민의 눈높이에 맞춰 진행할 수 있도록 도와주었다. 시민계획단은 2030년 미래의 수원시 비전에서부터 목표, 전략, 세부전략, 지표, 주요계획, 도시기본구상에 이르기까지 단계별 계획을 직접 수립하였다. 도시기본계획은 해당 도시의 미래를 계획하는 20년 장기발전계획이다. 통상 10년 단위로 수립되고 5년 단위로 재점검된다. 도시기본계획은 도시의 물리적인 공간적 측면뿐만 아니라 환경·사회·경제적인 면을 모두 포괄한다. 또한 도시의 미래상, 정책방향, 교통과 공공시설 등의 도시기반시설을 어디에 어떻게 배치하느냐 등을 제시하는 종합계획의 성격을 가지기 때문에 매우 중요한 행정의 일부이다. 이 중대한 작업에 그동안 방관자로 인식되었던 시민들이 그 주체로 직접 나선 것이다.

주민자치 시민도시의 방안으로서 시민계획단을 통해 시민참여로 추진되는 '2030년 수원 도시기본계획'은 총 5단계로 진행되었다. '사람과 자연이 행복한 휴먼시티 수원'을 비전으로 설정하고 3대 목표와 12대 전략, 그리고 36대 세부전략을 수립하였다. 또한 20년 후 수원시의 계획지표와 주요계획, 그리고 도시기본구상을 수립한 후 시장에게 제안하여 이를 토대로 전문가들이 토지이용계획을 수립하고, 마지막으로 공청회에서 최종적으로 검토하여 결정하는 과정으로 추진되었다.

메이드 인
수원

2012년 초 수원시는 시민과 청소년, 기업을 대상으로 도시계획 시민참여단을 공개 모집하여 130명의 시민계획단과, 100명의 청소년계획단을 구성하였다. 시민계획단은 사전에 약 100일간 10차례에 걸쳐 운영관리에 대한 세밀한 계획을 수립하였고, 본격적인 회의는 4월부터 6월말까지 토요일 오후에 총 5단계로 실시되었다. 1단계는 '비전 및 목표', 2단계는 '기본방향과 전략', 3단계는 '세부실천전략', 4단계는 '지표 및 주요계획', 5단계는 '도시기본구상' 등의 순서로 진행되었다. 또한 시민계획단과는 별도로 수원시청과 39개 주민자치센터 등 총 40개소에 커뮤니티 보드를 설치해 시민들의 다양한 의견을 수렴하여 반영하고자 노력하였다(이재준, 2012h).

시청에 설치된 커뮤니티 보드. 시민들이 다양한 의견을
자유롭게 개진할 수 있는 공간으로 활용되었다.

나는 서울보다 수원이 좋다

도시계획은 환경에서 문화, 복지에 이르기까지 모든 행정을 포괄하는 계획이기 때문에 다양한 지식과 전문적인 훈련이 요구된다. 이에 반해 시민계획단은 용어 하나에서부터 전문적인 지식이 부족한 실정이었기 때문에, 총 5단계로 진행된 시민계획단 회의 중에 '학습 → 토론 → 결정'의 과정을 마련하였다. 계획내용에 대해 사전에 충분히 학습하고 분과별로 모여 토론한 후, 이어서 전체가 모여 의사를 결정하는 구조로 추진되었다.

학습은 시민계획단이 단계별로 토론할 도시계획 주제에 대한 기본적인 사전교육이다. 학습내용은 전문가가 단계별 토론 주제를 사전에 충분히 설명하는 시간과 단계별 토론의 쟁점에 대한 몇 가지 대안을 설명하는 시간으로 구성하였다. 토론은 학습을 마친 후에 6개 분과별로 진행되었다. 분과별 토론과정에서 제안된 내용은 도시계획에 반영될 사항, 일반 행정에 반영될 사항, 소수의견 등으로 구분하여 사소한 의견이라도 모두 활용될 수 있도록 하였다. 분과별 토론은 분과장(토론진행)을 중심으로 간사(종합정리), 간사보(기록), 관련 공무원(질의·응답) 등 도우미들의 적극적인 참여와 유도 아래 진행되었다. 이어서 결정은 분과별 제안사항을 종합적으로 정리한 후 안건으로 상정하여 전자투표로 진행하였다. 이러한 '학습→토론→결정'으로 진행된 논의는 시민계획단 스스로 도시의 미래를 구상하고 결정한다는 자부심과 흥미, 그리고 계획을 체계화시키는 순기능으로 작용하였다.

시민계획단이 내린 특이한 의사결정 중 '2030년 미래도시 수원을 위

분과별 회의 진행모습. 시민계획단은 분과별로 논의된 내용을 정리하여 전체회의에서 투표를 통해 130명
의 시민들의 의견을 최종 정리하였다.

한 시민 실천지표'가 있는데, 매년 이웃사촌 3가족 이상 만들기, 가정마다
월1회 자원봉사하기, 1가구 1평의 텃밭 가꾸기, 그리고 청소년계획단의
경우는 한 달에 한 권씩 책읽기, 수원시 행사에 연 1회 참여하기 등 재미
있고 일상생활 속에서 실천 가능한 사항들이 많이 포함되어 있다(수원시,
2012).

　　최초의 시민참여 도시계획 모델인 시민계획단을 통해 수원시는 다양

한 가능성을 발견할 수 있었다. 먼저, 예상과 달리 시민계획단은 개인의 이익보다 공익을 우선시 한다는 것을 알 수 있었다. 사실 내부적으로는 토론과 의사결정과정에서 집단 이기주의에 의한 갈등이나 논쟁이 벌어질지도 모른다는 우려가 적지 않았다. 그러나 시민계획단은 수원의 미래를 위한 균형 있는 발전과 구도심의 낙후 문제 해결 등 중도적이고 공익적인 측면에서 논의를 진행하였다(이재준, 2015).

우리가 얻은 수확은 이뿐만이 아니다. 전문가의 의견과 최종 채택된 시민계획단의 결정은 그 수준에 있어서 큰 차이가 없었고, 시민계획단과 청소년계획단의 의사결정 수준도 큰 차이가 없다는 것을 발견하였다. 소수의 전문 엘리트가 아닌 시민 대중에 의한 집단지성의 힘을 실제 경험을 통해 확인한 것이다. 또한, 참여 시민들의 흥미 유발을 위한 시민동아리 공연, 포토제닉 선발, 전자투표 등의 다양한 이벤트 프로그램을 활용하여 시민참여 그 자체를 하나의 축제로 발전시킬 수 있는 가능성도 엿보았다.

시민참여형으로 운영된 수원시 시민계획단은 그 성패를 떠나 우리나라 시민참여 도시계획을 위한 경험적 자산이 되기에 충분하다. 벌써 서울시를 비롯한 많은 40여 지방자치단체들이 시민계획단 경험을 벤치마킹하여 이를 제도화하고자 노력하고 있다. 또한 청소년들이 참여한 도시계획 사례는 좋은 취지와 모범으로 평가되어, 2014년 현재 초등학교 4학년 교과서에 등재되기도 하였다. 이러한 관심과 추세를 볼 때, 머지않아 시민참여 도시계획이 우리나라에 제도적ㆍ정책적으로 자리 잡을 것으로 판단된다.

시민계획단을 마무리하며

나는 서울보다 수원이 좋다

너무나
어른스러웠던,
청소년계획단

수원시는 일반시민들이 도시기본계획에 참여하는 시민계획단에서 한 발 더 나아가 청소년들이 도시기본계획에 참여할 수 있는 기회를 마련하였다. 20년 뒤 미래 수원의 주인공이 될 청소년들이 직접 참여하여 자신이 살고 있는 마을과 지역, 도시에 대한 의견을 제시할 수 있도록 하자는 목표를 갖고, 초등학교 5, 6학년 그리고 중학교 1, 2학년 청소년 100명으로 구성된 청소년계획단을 운영하기로 한 것이다.

그동안 청소년들도 도시계획에 참여했으면 좋겠다는 의견이 꾸준히 있어 왔다. 하지만 과연 어린 아이들이 지역의 현안을 제대로 이해하고 그에 적합한 의견을 제시할 수 있을까 하는 걱정이 많았다. 그러나 우려했던 것과는 달리 청소년들은 어른들이 생각하는 것보다 훨씬 더 지역 문제에 대한 이해도가 높았고, 직접 현장에 나가 사진을 찍고 적극적으로 의견을 제시하는 등 기대 이상의 열정을 보여주었다. 결국, 시민계획단과 청소년계획단으로 분리하여 운영하던 것을 3단계 회의부터는 통합하여 운영하게 되었다. 함께 토론하고 안건을 결정하는 데 청소년들이 참여해도 전혀 무리가 없을 것이라는 판단이 섰기 때문이다.

시민계획단과 함께 전국 최초로 시도된 청소년계획단의 운영은 수원시의 미래는 물론이고 시민도시의 정착 가능성에 매우 긍정적인 의미를 던져주었다. 도시계획에 참여했던 경험을 통해 청소년들은 시민으로서 한

청소년 계획단은 어른들이 미처 보지 못한 다양한 의견을 적극적으로 제시하였다. 이들의 열정은 오히려 어른들이 참여하고 있는 시민계획단에 활력을 불어넣었다.

같이 공감하고 즐거움을 주는 사진

층 성숙한 자질을 갖게 될 것이고, 우리 마을, 우리 도시에 대한 자부심과 애착심 역시 커질 것으로 기대된다. 이 청소년들이 자라 참여 거버넌스 시대의 주역이 될 우리의 미래가 벌써부터 기다려진다.

참여,
그 자체가
축제!

잘 준비된 시민참여 프로그램은 재미있는 시민축제의 장으로 발전할 수 있다. 현장에서 시민계획단의 활동을 직접 지켜본 사람들은 하나같이 "혼자보기 아깝다"는 말을 하곤 했다. 그 참여의지와 열정이 대단했기 때문이다. 치열한 고민과 토론의 현장에서 느끼는 즐거움은 말로 다 설명할 수 없다. 그래서 운영팀은 그 모습을 사진에 담아내기 시작했다. 단순히 기록을 위한 사진이 아니라 그 순간을 오래 기억하고 함께 즐기자는 의미가 컸다. 회의가 끝날 때 쯤 중간 중간 찍은 사진들을 음악과 함께 동영상으로 만들어 보여주고 포토제닉을 뽑아 작은 선물을 증정하니 참여자들 모두 즐거워했다.

회의만 하면 되지 번거롭게 그런 부수적인 일은 왜 하느냐고 할지도 모르겠다. 하지만 필자는 시민계획단이 성공적으로 운영되려면 시민들이 시정에 참여하는 일 자체를 하나의 즐거운 축제로 느낄 수 있어야 한다고

수원시민이 손으로 일구... UN해비타트 대상 수상이 쾌거(출처·수원시 포토뱅크)

생각한다. 단계별 회의 시작 전에 수원문화원의 도움으로 다양한 문화공연을 준비해 선보인 것도 그런 이유에서였다. 시민계획단에게 문화 향유의 기회를 함께 선사함으로써 시민들 손으로 도시를 만든다는 것이 보람 있는 일이면서 동시에 재미도 있는 일이라는 사실을 느끼게 해주고 싶었다. 시민계획단에 참여하는 일이 지루하고 따분하기만 한다면 아무리 좋은 취지의 일이라도 참여율이 낮을 것이고, 지속적인 관심과 열정을 이끌어내기 힘들 것이다. 그런 의미에서 시민계획단에게 즐거움을 주려고 한 운영팀의 노력은 성공적이었다.

수원시 시민계획단 운영을 직접 경험한 필자는 집단지성을 바탕으로 한 시민참여 도시계획이 분명 가능하다는 것을 확신하게 되었다(이재준, 2012d). 또한 앞으로 좀 더 충분한 경험이 축적된다면 도시계획 분야에서 가장 중요한 토지이용계획도 시민이 직접 계획할 수 있는 단계까지 발전할 수 있으리라 기대한다.

수원시의 시민참여 도시계획은 UN으로부터도 인정을 받았다. 콜롬비아에서 열린 제7차 세계도시포럼에서 '2013 UN해비타트 대상'을 수여한 것이다. 아울러 수원시는 UN해비타트 관계자들과의 모임에서 2018년 '제9차 세계도시포럼'의 유치 의사를 밝혔다.

손혜정

• 수원시 시민계획단 분과장 •

이끌어냄
;

시간이 감에 따라 토론에 소극적이었던 사람들도 조금씩 말문이 트였고
서로의 고민에 귀 기울이게 되었다. 수원시의 노력이 나와 같은
일반 시민들의 변화를 이끌어냈던 것이다.

2

이번엔 마을이다, 마을계획단

세계 최초의
도전
(이재준, 2013e)

수원시 마을계획단은 도시계획단의 마을 버전
이라고 할 수 있다. 각 동의 마을 주민들이 자발
적으로 참여해 구성된 마을계획단은 희미해져
가는 마을의 정체성을 되찾고 마을 고유의 특색을 살리기 위한 의견을 나
누고 방안을 마련하며, 마을르네상스를 이끌어갈 실질적인 주체로서의 역
할을 담당하고 있다. 관내 37개 동, 446명의 마을주민과 70여 명의 전문
가가 참여한 마을계획단은 각 마을별로 주민, 튜터, 운영조교 등이 함께

2013 마을계획단 발대식

나는 서울보다 수원이 좋다

모여 총 5회에 걸친 회의를 통해 동별 비전을 설정하고 마을만들기 추진 사업을 발굴했다.

2012년 이코노미스트에서 발표한 세계 도시경쟁력 순위(서울 20위, 인천 56위 등)에서 알 수 있듯이 우리나라는 아직 국제적인 도시경쟁력 측면에서 많이 뒤처진 상태에 있다. 이미 경쟁력을 갖추고 있는 다른 국제도시를 현재 수준의 노력만으로 추월하는 것은 사실상 어렵다. 틀을 바꿔야한다. 도시 중심에서 마을 중심의 경쟁력 강화에 앞장서야 한다. 경쟁력을 갖춘 국가나 도시들은 마을단위로 주택, 일자리, 교육, 교통, 토지이용, 건축 등 생활에 필요한 모든 계획을 주민들이 직접 수립하여 각종 행정 집행수단이나 도시계획의 방향으로 제도화하고 있다. 예를 들면 독일은 우리나라의 재개발 사업구역 정도의 공간에 용도지역, 교통계획, 녹지계획, 재정계획, 상업 활성화계획 등 구체적 사항을 담는 라멘플랜이라는 제도를 수립하고 있다. 미국 시애틀도 주민이 주도하고 공공이 지원하는 방식으로 주택, 일자리, 교육, 교통 등을 총망라하는 마을단위의 도시계획을 수립하고 있다. 또한, 프랑스는 자연발생적 공동체인 '꼬뮌'(인구 1,500명 내외 수준의 우리나라 행정동 단위)단위의 계획을 수립하고, 이 같은 꼬뮌계획을 하나로 묶어 우리나라 도시기본계획에 해당하는 계획을 수립하고 있다(이재준, 2013e).

이러한 세계적인 추세에 부흥하기 위해, 수원시도 자치와 분권을 위

> 경쟁력을 갖추고 있는 다른 국제도시를 현재 수준의 노력만으로 추월할 수는 없다. 틀을 바꿔야 한다. 도시 중심에서 마을 중심의 경쟁력 강화에 앞장서야 한다.

한 도시경쟁력 강화를 목표로 2013년 주민참여 마을계획을 전격적으로 정책화하였다. 이러한 정책화는 그 전년도인 2012년 시민참여 도시계획 정책 "2030 수원시 도시기본계획 시민계획단"을 성공적으로 운영한 자신감에서 출발한 것이었다. 현재 주민참여 마을계획에 관한 법적인 규정은 없으나, 수원시는 시민의 자치능력을 높이 평가해 마을경쟁력과 도시경쟁력을 강화하는 측면에서 이를 의욕적으로 추진하였다.

수원시는 성공적인 마을계획단을 추진하기 위해 우선 40개의 행정동을 하나의 마을단위로 규정하고, 행정동 단위로 마을협의회를 구성하였다. 마을협의회는 그동안 수원시 마을만들기 공모사업에 참여한 마을만들기 사업 주체들과 주민자치위원회, 통반장협의회, 기타 동 기관장 등을 중심으로 구성하였다. 이 같은 마을협의회 준비과정을 거쳐 2013년 총 40개 동 중 준비된 35개 행정동 450명의 주민들과 150명의 전문가들을 중심으로 마을계획단을 구성하였다. 마을계획단은 5월 30일에 발대식을 가졌고 7월 13일까지 5차례 이상의 공식 과정을 통해 체계적인 마을계획을 수립했다(이재준, 2013e).

2단계 마을계획단 운영은 2015년에 추진되었다. 2015년 마을계획단은 경쟁력을 가지고 특화된 마을을 계획하는 것을 목표로 5월에서 6월 5차례의 공식 과정을 거쳐 마을계획을 수립했다.

마을계획단은 먼저 각자 살고 있는 마을 현장을 조사 분석하여 마을

마을계획단에 참여한 주민들이 마을 현황에 대해 토의하고 발표하는 주민들

주민계획(안) 발표 준비와 전시평가, 최종발표회

의 장단점을 세밀하게 파악하고, 마을이 가질 미래비전과 목표 그리고 추진전략을 도출했다. 또한 마을단위의 주택, 일자리, 교육, 교통, 토지이용, 건축 등 다양한 분야를 종합한 마을기본구상과 장단기 마을만들기 사업을 발굴하는 것을 주요과제로 삼았다. 이와 같이 마을 주민들이 스스로 만든 미래비전과 목표, 전략 등은 마을별 지속가능한 발전방향으로 자리잡게 되었고, 주민들이 직접 수립한 마을기본구상은 주민참여예산과 도시기본계획과 연동하였다. 아울러 주민들이 발굴한 장단기 마을만들기 사업들은 향후 마을만들기 공모사업으로 발전되도록 추진하고 있다(이재준, 2014).

지방정부 전체 차원으로는 전 세계에서 처음으로 추진한 수원시 마을계획단은 새로운 역사적 실험이자 도전이다. 시민의 손으로 마을을 만들고 도시를 만들어 근린자치와 지방자치를 실현하고자 하는 수원시 마을계획단 도전은 대한민국 전체의 도전이 될 것이다(이재준, 2013e).

2013 수원 마을계획단 최종발표회 개최

3

고향을 복원하다, 마을르네상스

마을이 살아야 도시가 산다

"수원시는 대한민국의 전통과 미래가 공존하는 도시로, 진정 사람이 사람답게 사는 휴먼시티를 꿈꿉니다." 2012년 9월 13일에 제정된 수원시 마을르네상스 헌장의 일부이다. 마을르네상스란 '수원이 고향인 사람, 수원에 살고 있는 사람, 수원을 방문하는 사람 모두가 한 가족처럼, 오래된 친구처럼, 반가운 이웃이 되어 어울리며 소통하는 도시를 만들자'는 취지로 시작된 마을만들기 사업이다.

주민 스스로 자신의 생활공간을 주체적으로 인식하고 변화시켜 나가는 공동체 운동으로서 1990년대 국내에 소개된 마을만들기가 전국적으로 확산되기 시작한 것은 2000년대에 들어서면서부터다. 물론 초반에는 민·관이 합심하여 성공적으로 마을 만들기를 추진하는 경우는 드물었고, 간혹 있다고 하더라도 산발적인 움직임에 불과하였기에 전체적으로는 그 성과가 크지 않았다. 그러다 최근 지방자치가 안정기에 접어들고 시민의식이 성숙해지면서 마을만들기의 흐름은 더 이상 거스를 수 없는 추세가 되었다.

수원시는 민선 5기에 들어 도시정책 기조가 사람중심, 경제·사회·문화·예술 등의 인문학 중심으로 변화됨에 따라 '마을만들기' 정책을 본격적으로 추진하게 되었다. '마을르네상스'라는 이름은 2011년 전 국민을 대상으로 한 브랜드 네이밍 공모전을 통해 선정된 것으로, 사람 중심의 마을공동체 회복, 참여와 협력의 거버넌스 실천, 새로운 미래 도시 창조라는 원대한 비전을 드러내는 데 전혀 손색이 없다.

수원시 마을르네상스 헌장 (2012.9.13)

수원은 대한민국의 전통과 미래가 공존하는 도시로, 진정 사람이 사람답게 사는 휴먼시티를 꿈꿉니다. 수원이 고향인 사람, 수원에

수원시 마을르네상스 센터 개소식(출처 : 수원시 포토뱅크)

나는 서울보다 수원이 좋다

살고 있는 사람, 방문하는 사람들 모두가 한 가족처럼, 오래된 친구처럼, 반가운 이웃이 되어 어울리며 소통하는 도시를 만들고자 수원시민은 마을르네상스 헌장을 제정하고 적극 실천할 것을 다짐합니다.

이제 우리는 수원시 마을르네상스를 통하여

공동체 1. 서로를 존중하고 도와가며, 서로의 마음이 통하는 참여와 소통의 도시를 만들겠습니다.

경제 1. 잠재된 지역자원을 이끌어내어 활력이 넘치고 풍요로운 경제도시, 경제적 약자가 보호받는 상생의 도시를 만들겠습니다.

생활환경 1. 스스로 참여하고 기발한 상상력을 실험하는 창의적인 도시, 누구나 건강하고 편안한 삶을 누릴 수 있는 안전도시, 도심 속에 자연이 살아 숨 쉬는 환경도시를 만들겠습니다.

교육복지 1. 어린 아이부터 어르신들까지 누구나 원하는 것을 배우고 익히는 평생학습도시를 만들겠습니다.

문화 1. 역사와 전통을 기반으로 우리의 정체성을 찾아가는 역사문화도시, 건강하고 활기차게 살 수 있는 행복도시를 만들겠습니다.

마을르네상스
≠개발사업

마을르네상스가 기존의 마을개발사업과 다른 점은 무엇일까? 가장 큰 차이는 주민의 아이디어와 자발적인 참여로 이루어지는 문화 공동체라는 점이다. 과거 관 주도의 재개발 사업은 낙후된 지역을 싹 밀고 고층 아파트를 새로 지으면 끝이었다. 그렇게 해서 집값이 오르고 땅값이 올라 재미를 본 사람들도 많았다. 하지만 주민들의 주거공간이 개발논리에 밀려 재산 증식의 수단으로만 여겨지는 사이 마을과 골목의 정겨움은 사라졌고, 문화 공동체는 더 이상 설 자리를 잃게 되었다. 재개발이 되면 원주민은 20% 내외 정도만 남고 나머지는 타 지역에서 새로 이사 온 사람들로 채워진다. 그러다 보니 자연히 사람들 간의 유대감은 떨어지고, 소통 부재 속에 민원사항만 많아졌다. 어디에나 있는 특색 없는 아파트촌에서 그 지역의 특색을 담은 고유의 문화는 자생하기 힘든 법이다.

수원시도 마찬가지였다. 화성 행궁을 중심으로 오랜 역사와 전통을 간직한 수원이지만, 재개발의 광풍 속에서 신도심과 구도심 간 불균형이 심화되었고 점차 도시의 정체성을 잃어가고 있었다. 그러던 중 낙후된 구도심 지역에서 발생한 범죄로 인해 민심이 흉흉해지면서 우리 삶의 터전을 이대로 방치해서는 안 된다는 자성의 목소리가 나오기 시작했다. 그렇게 시민들의 자발적인 소통과 참여의 움직임이 조금씩 일어났고, 이런 분위기 속에서 수원시의 마을르네상스 사업이 추진되었다.

수원시는 먼저 '좋은마을만들기' 조례를 제정하고 행정전담조직인 '마을만들기추진단'을 신설하여 총괄 업무를 담당하도록 하였다. 또한 민간 전문가들로 구성된 '좋은마을만들기 위원회'를 구성하고 '마을르네상스센터(마을 만들기 지원센터)'를 설립하여 지원체계를 구축하였다.

주민들의 역량강화를 위해 기초적 이론교육인 '찾아가는 동 주민교육'을 실시함으로써 첫발을 내디딘 수원시 마을르네상스 사업은 국내외 선진도시를 견학하고 다양한 주제에 대해 자유로운 토론과 학습이 이루어지는 '열린 광장'을 개설하여 운영하였다. 또한 체계적인 실습형 교육 프로그램인 마을학교와 다양한 맞춤형 교육을 운영하여 마을 계획을 주민이 직접 설계할 수 있도록 기획 능력을 배양하고 있다.

전국 최초로 과 단위 행정조직인 마을만들기추진단을 설치한 수원시는 무엇보다 거버넌스 체계의 확립이 선행되어야 한다고 판단하였고, 이를 위해 각 사업주체의 특성에 맞는 역할을 배정하였다. 주민들이 쉽게 방

송죽동 마을르네상스 공모사업 추진을 위한
협력적 거버넌스 및 교육 추진

나는 서울보다 수원이 좋다

문하고 지원받을 수 있도록 중간지원조직인 마을르네상스센터를 설치하였고 좋은마을만들기 조례 제정, 좋은마을만들기 위원회 구성, 행정지원 협의체 구성 등 다양한 제도를 마련하여 거버넌스 행정 체계를 구축하였다.

또한, 수원시는 마을만들기 추진주체를 지원하고 마을의 특성에 맞는 사업을 발굴하고자 각 동별 실정에 맞춰 마을만들기 협의회를 구성하였다(이재준, 2013f). 현재까지 수원시 41개 동 모두에서 마을만들기 협의회를 구성하여 운영 중에 있으며, 마을계획단에서 수립된 마을종합계획에 대한 시행과 마을에 관한 정책을 제안하고 추진하며 수원의 미래를 만들고 있다.

주변 대학들도 많은 도움을 주고 있다. 성균관대학교, 단국대학교, 아주대학교, 협성대학교 등의 도시공학, 건축, 조경 관련 학과 전공생과 교수들이 열성적으로 주민–대학 간 스튜디오 학과에 참여해 큰 힘을 보태주었다.

마을학교로
입증된
교육의 힘!

2012년 어느 봄날, 수원시 팔달구 남창동 마을학교에 참가 중인 학생들이 '마을 걷기 & 지도 그리기 워크숍'을 진행하기 위해 모였다. "오늘

수원시 마을르네상스 센터에서 열린 마을학교 프로그램에서 발표를 하는 참가 시민

각 팀별로 마을 걷기를 하면서 보고 느낀 점, 바라는 점 등을 지도로 그려 발표하는 시간을 갖도록 하겠습니다."

이 날 워크숍에는 어린이 5팀, 어른 3팀이 참여하였는데, 마을 구석구석을 걸으며 동네 주민들과 대화를 나누고 마을의 특색이나 문제점 등을 메모해두었다가 지도 위에 그려 발표하고 토론하였다. 이날 함께 나눈 의견들은 남창동의 마을 사업을 진행하는 데 반영되었다.

이것은 마을르네상스가 진행되는 동안 수원시 여러 마을 곳곳에서 펼쳐진 풍경의 일부이다. 마을르네상스에 참가하는 주민들이 스스로 마을을 만들어가는 추진 역량을 갖출 수 있도록 마련된 마을학교 프로그램이 이런 풍경을 만들어 냈다.

'마을학교'는 마을르네상스에 관심 있는 주민들을 대상으로 총 5주에 걸쳐 진행된다. 1주차 주민과 소통하기, 2주차 마을 돌아보기(지역의제를 마을르네상스 사업으로 진행하기 위한 지역 내 다양한 자원조사), 3주차 마을 꿈꾸기(지역의제와 지역 자원을 분석하고 분석된 내용을 통해 우리 마을의 방향성 설정), 4주차 마을 그리기(마을계획의 기본구상 만들기), 5주차 마을 만들기 실천하기(사업계획서 작성 및 계획 실현방법 찾기) 등의 프로그램으로 구성된다.

수업은 마을공동체 형성과 주거환경 개선을 위한 이론뿐만 아니라 현장답사 등 실습 위주의 학습으로 진행된다. 과제 해결을 위해 다함께 밤을 새며 열정적으로 교육에 임하는 마을학교 학생들을 볼 때면 시민도시의 밝은 미래를 보는 것 같아 절로 흐뭇해진다. 이 스튜디오형 교육프로그램을 거쳐 간 후, 현재 수원시의 여러 마을 곳곳에서 마을르네상스 리더로 활동하고 있는 시민들이 꽤 많다. 그분들의 활동을 볼 때마다 한국사회에 시민들을 대상으로 한 스튜디오형 도시대학을 처음 시작하고 확산시킨 필자로서는 큰 보람을 느끼게 된다.

수원시 마을르네상스의 핵심은 공모사업에 있
다. 각 마을에서 그 지역의 특성에 맞는 사업계
획안을 제출하면, 심사를 통해 계획안을 선정하
고 해당 마을에 사업비를 지원하는 방식으로 진행된다.

공모 유형은 공동체유형과 시설·공간 조성이 있고 필요에 따라 씨
앗공모(작은 주민모임 형성을 위한)와 기획공모, 마을르네상스의 발전 방향
제시를 위해 필요한 신재생 에너지, 여성친화마을, 생태교통 등의 분야에
대한 공모도 있다. 실제 공모된 사업은 공동체유형이 가장 많았다.

지원사업비의 경우, 마을르네상스는 유형별로 각각 최대 5백만 원 이
하와 3천만 원까지이며, 사업비의 5%는 공모사업을 추진하는 주민들이
부담해야 한다. 공모사업 추진은 주민들이 자발적으로 계획안을 제출하
면, 행정지원협의체의 법률검토 및 관련행정계획과의 관계 검토를 거친
후 사업을 제안한 주민들이 모여 직접 상호평가하는 주민참여평가제를 실
시하게 된다.

주민들은 마을의 모습과 이야기를 담아 서로에게 전달하고 이 과정
에서 더 좋은 아이디어와 서로 간에 협력할 수 있는 것들을 자연스럽게 찾
아가게 된다. 수원시민들은 평가단계에서부터 경쟁중심의 공모사업에 참
여하는 진정한 마을만들기의 철학을 실천하고 있다. 이후 사업의 실현가

능성, 내용의 적합성 등을 전문가 평가단이 보완하고 좋은마을만들기 위원회에서 최종 심의를 거쳐 지원사업으로 선정하는 과정을 거친다. 사업을 완료한 다음 꼼꼼한 정산까지 마치면 최종 마무리가 된다.

> 공모사업에 지출되는 예산은 시 전체 예산을 놓고 보면 0.1% 수준이다. 그러나 주민들의 아이디어와 열정으로 빚어진 결과물은 그 어떤 사업보다 훌륭하다.

공모방식을 통해 2011년부터 현재까지 총 600여 개(지원사업비 약45억 원)의 마을르네상스 사업이 추진되었다. 수원시 마을르네상스는 안전행정부(현재는 행정자치부) 주최로 열린 제18회 지역경제 우수사례 발표대회에서 지역공동체 분야 우수사례로 선정되어 국무총리상을 수상하는 쾌거를 이루기도 했다.

수원시는 공모절차를 통해 선정된 사업들을 완료한 후 '마을르네상스 공모사업 경연대회'를 열어 한 해 동안 열심히 활동한 주민들의 이야기를 듣는 행사를 개최한다. 주민들에게 자축의 자리를 마련함과 동시에 마을을 위해 쏟은 열정에 감사드리는 의미를 담아 작은 시상식도 함께 진행한다. 사실 공모사업에 지출되는 예산은 시 전체 예산을 놓고 보면 0.1% 수준으로 그 비중이 크지는 않다. 그럼에도 불구하고 주민들의 반짝이는 아이디어와 순수한 참여 열정으로 빚어진 결과물은 그 어떤 정책 사업보다 훌륭하다. 그중에서 대표적인 우수 사례 몇 가지만 살펴보도록 하겠다(대표 사례는 수원시의 '골목에서 소통하다—수원 마을르네상스 이야기(2013)'와 수원시 마을르네상스센터에서 정기적으로 발간하는 '마을르네상스 저널'을 참고했다).

행궁길 사람들'을 아시나요? 🚲

행궁동은 수원의 세계문화유산인 화성 성곽내부에 위치한 동네다. 한때는 경기도와 수원의 중심지였지만, 주변 신도시 개발로 도시 중심축이 옮겨지면서 점차 침체되었고 세계문화유산 지정으로 인해 3층 이상 건물을 지을 수 없는 규제가 많은 구도심이었다. 그러나 최근 행궁동을 방문하는 사람들은 굉장히 놀라워한다. 불과 몇 년 전만 하더라도 비어있던 철거 예정 건물이 예술적인 분위기의 공방과 갤러리로 변해있고, 거리 곳곳에도 아름다운 벽화와 간판들이 색다른 볼거리를 연출하고 있기 때문이다.

외지인의 반응만 좋아진 게 아니다. 그 안에 살고 있는 행궁동 주민들의 얼굴 표정도 한결 여유로워졌다. 낙후되고 침체되었던 마을이 마을 주민들의 노력으로 좋아졌다는 보람과 자부심이 엿보인다. "이젠 살 맛 납니다. 예전에는 어떻게 하면 이 동네를 뜰 수 있나 그 생각만 했는데, 요즘엔 어떻게 하면 우리 동네를 더 살기 좋게 만들 수 있을까 이웃과 머리를 맞대고 궁리하게 됩니다."

행궁동의 변화는 수원시가 마을르네상스 사업을 본격적으로 추진하기 이전부터 주민들의 자발적인 움직임에서 시작되었다. 세계문화유산 화성 성곽 내에 위치하고 있는 행궁동 일대는 예전에는 수원에서 제일 큰 중심지였다. 그러나 문화재보호구역으로 지정되어 건물을 3층 이상 못 올리고 증개축도 마음대로 하지 못하는 상황에서 신도심 개발이 진행되자 구도심인 행궁동 일대의 상권이 위축되었다. 갈수록 주거지는 낙후되고 지역 전체가 쇠퇴하는 분위기가 30년 가까이 이어졌다. 그러다 침체된 지역을 활성화시키고 살맛나는 동네를 만들기 위한 주민들의 고민이 '행궁길 사람들'이라는 조직 구성과 수원시의 '참 살기 좋은 마을만들기 사업' 공모 사업을 계기로 거듭나게 되었다.

지역을 활성화하기 위해, 역사를 기본으로 그리고 문화를 매개로 지역의 예술작가들과 주민이 함께 하는 다양한 프로그램을 진행하였다. 대표적으로 반차도 그림을 중심으로 한 간판 디자인 정비, 거리안내 조형물 만들기, 행궁동 빈집 미술관, 행궁길 청소년 토론회, 한데우물 정비사업, 한데우물 창작촌 조성(작가 입주), 한데우물 문화축제, 행궁동 레지던시 프로그램(매년 국내외 작가 40여 명 참여) 등의 프로그램을 거치면서 현재는 행궁동을 구분하여 마을별 발전위원회가 독립해서 운영되고 있다.

행궁동의 성공 동력은 행궁동 주민들과 그들의 자발적 참여를 이끌어준 예술가 집단의 조화였다. 여기에 관의 지원이 더해져 삼박자가 맞아떨어지면서 더욱 강력한 추진력을 갖게 되었다. 행궁동의 놀라운 변화는 수원시가 자신 있게 마을르네상스를 시작할 수 있는 계기가 되었다.

마을 소식통 '칠보산 마을신문'

칠보산 마을신문은 수원시 권선구 금호동 주민들이 스스로 발간하는 마을소통신문이다. 권선구 금호동은 칠보산과 황구지천을 낀 풍부한 생태적 생활환경을 자랑하던 동네였다. 그러나 2004년부터 이웃 마을인 호매실동과 금곡동이 택지개발지구로 지정되어 변화를 겪게 되었는데, 근처에 고층아파트 단지가 들어서면서 그 영향으로 마을의 옛 모습을 점점 잃어가고 있었다. 그러다 2005년 무렵부터 무너져가는 공동체를 다시 회복시킬 뭔가가 필요하다고 생각한 주민들을 중심으로 대안학교인 칠보산 자유

학교를 비롯해, 생태교실인 칠보산 도토리교실, 청소년교육문화나눔터 '둠벙', 공동육아 방과 후, 청소년 방과 후 학교, 한 살림 햇살모임 등의 공동체 모임이 활동을 시작했다. 그

러던 중 주민들 사이에서 마을신문을 만들어보자는 의견이 나왔다.

"마을 신문을 만들어보면 어떨까요? 사라져가는 우리 마을의 역사와 문화를 기록하고 이웃들의 정감어린 이야기들도 함께 싣는 겁니다."

"그거 좋겠네요. 그런데 신문을 만드는 일이 쉬운 일이 아닐 텐데 가능할까요?"

"주민들이 뜻을 모으면 가능하리라 생각합니다."

이미 자생적 공동체 모임을 경험한 주민들은 이렇게 의기투합했고, '칠보산 마을신문' 창간 논의가 여러 차례 오고 간 끝에 2010년 8월 창간 준비호가 발간되었다. 본격적으로 지역 언론의 역할을 수행하기 위해서는 어느 정도 예산이 확보되어야 하는데, 이 문제는 마을신문 창간준비모임에서 마을르네상스 공모사업에 계획안을 제출해 선정됨으로써 해결됐다.

이제 신문 창간을 위해 필요한 콘텐츠 생산과 홍보, 광고수주 등 내실을 기할 일만 남았다고 생각한 준비모임은 주민기자학교를 열었다. 어린이, 청소년, 어른으로 나누어 교육생을 모집하고 취재, 원고 청탁, 기사 작성, 편집 · 디자인 등 신문 제작에 필요한 전 과정을 이수하도록 한 것이다. 주민기자로 참여하지 않은 주민들도 신문을 만드는 필요한 여러 가지를 함께 도왔다.

이렇게 차근차근 준비 과정을 거쳐 마침내 2012년 3월 1일 '칠보산 마을신문' 창간호가 발간되었다. 주민의 열정과 노력으로 탄생한 마을신문을 받아본 사람들은 이것이야말로 지역공동체에 행복의 씨앗을 뿌리는 일이 아니겠냐며 즐거워했다. 이후에도 따끈따끈한 마을 소식을 담은 '칠보산 마을신문'은 계속해서 발간되고 있다.

골목 경제를 살린 '대추동이 나눔터'

대추동이 나눔터는 수원시 장안구 조원동의 마을만들기 추진체다. '조원'이라는 동 이름은 '대추나무동산'이라는 말에서 유래되었다. 옛날 정조대왕이 아버지인 사도세자의 묘를 이장하고 제물로 쓸 대추나무를 심었다는 전설이 남아있는 마을인데, 도시화가 진행되면서 옛날의 그 대추나무들은 모두 사라지고 현재는 이름만 남아있다. 조원동의 가장 큰 문제점은 낙후된 주거환경 속에서 살고 있는 소외계층 세대가 많고, 경제적, 문화적으로도 주변의 고층아파트 단지들과 동떨어진 소통 단절을 겪고 있다는 것이었다.

이러한 문제점을 잘 알고 있던 주민들은 '대추동이 문화마을만들기 추진단'을 결성하고 마을르네상스 공모사업을 통해 마을 공동체 복원에 나서기로 했다. 2011년 1차 사업을 통해서는 먼저 소외계층을 공동체의 일원으로 따뜻하게 맞이하기 위한 프로그램이 진행되었다. 관내 홀몸노인들에게 밑반찬을 만들어 전달하는 '사랑의 밑반찬 나누기'를 비롯해 다문화 가정과 외국인 거주자와의 소통을 위해 마련한 전통음식체험 프로그램

등이 실시되었다. 특히 사랑의 밑반찬 나누기는 현재까지도 매월 1회 홀
몸노인과 지역아동센터를 대상으로 지속되고 있다.

2012년 2차 마을르네상스에서는 다람쥐 공원을 새롭게 단장하고 운

함께 돌아다니면서 지역의 모습을 살펴보고 지도를 그려보는 등 다양한 프로그램은 어려서부터 지역과
마을에 대해 관심을 갖게 하는 중요한 역할을 한다. (출처: 《마을지도 그리기》, 「시민이 주인이 되는 마을만들기 마을
르네상스 대추동이 나눔터(2011.11)」, 조원1동 대추동이 문화마을 만들기 추진단)

동기구, 공연무대, 벤치와 게시판 등을 만들어 주민들이 편안하게 드나들며 함께 즐기고 소통할 수 있는 문화공간을 조성하였다. 특히 화장실 외벽과 공원 옆 농협 건물의 외벽을 주민들이 그린 트릭아트로 꾸며 마을 문화공간으로서의 상징을 더했다. 또한 시장 옆 건물에 마을에 꼭 필요했던 작은 도서관을 만들어 아이들과 청소년들이 책도 읽고 공부도 할 수 있는 배움의 공간을 만들었고, 어른들을 위한 문화 강좌도 개설하여 평생학습관의 역할도 할 수 있게 했다.

"마을 분위기가 확 달라졌죠. 전에는 서로 말도 잘 안하던 사람들이 이제는 마을 일이라면 발 벗고 나서서 웃으면서 함께 일하니까 얼마나 좋은지 모르겠어요."

서로 돕고 나누는 분위기가 마을의 문화로 자리 잡으면서 봉사모임도 여러 개 생겼다. 어르신들이 중심이 되어 조직된 생생노인봉사단의 활동은 세대 간의 벽을 허무는 데 기여하고 있고, 청소년 봉사단 '그린나래'는 소외계층과 함께하기, 투표독려 홍보캠페인, 북 페스티벌 등의 활동을 펼치며 청소년들의 건전한 여가 생활을 이끌고 있다.

조원동 대추동이 나눔터 활동은 마을르네상스 주간행사에서도 단연 돋보이는 사업으로 주목을 받았고, 마을르네상스 사업의 성공을 자축하는 조원시장 축제와 대추골 기금마련 행사를 펼치기도 했다. 최근에는 시장 상인들이 지역 내 주부, 어린이들과 함께 모여서 시장을 배우자는 취지로 '골목경제 강좌'를 열기도 했다. 이러한 성과에 힘입어 지속적이고 안정적인 자체 사업 수행을 위한 기금 마련과 마을 내 일자리창출을 목적으로 협동조합인 마돈나 왕돈가스 가게도 오픈하여 소외계층들과 함께 운영하고 있다. 이 가게는 점심시간에만 돈가스를 팔고 오후 3시 이후에는 마을 내 커뮤니티 공간으로 제공되어 마을의 사랑방 역할을 하고 있다. 마을만들기를 통해 골목경제가 활성화된 대표적인 사례이다.

교회 종탑의 변신 '노을빛 전망대'

노을빛 전망대는 수원시 팔달구 지동에 위치한 수원제일교회 첨탑 전망대다. 화성을 끼고 있는 대표적인 구도심 마을인 팔달구 지동은 낡고 침체된 분위기 때문에 변화가 절실히 요구되는 지역 중 하나였다. 지역 주민들은 어떻게 하면 마을에 변화를 가져올 수 있을까 고민했고, 여러 이야기가 오고 간 끝에 관내 위치한 수원제일교회의 첨탑을 전망대로 만들어보자는 데 의견이 모아졌다.

지동에서 가장 높은 위치인 용마루길 입구에 위치한 수원제일교회의 첨탑에서 내려다본 전망은 그야말로 환상적이다. 화성 성곽은 물론이고 팔달산과 광교산, 멀리 수리산까지 사방으로 시야가 탁 트여있어서 눈과 마음이 즐겁다. 특히 화려한 도심의 불빛이 어우러진 야경은 너무 멋지다. 이런 풍광을 많은 사람들이 즐길 수 있도록 전망대를 만들면 지역 주민들에게는 물론이고 외지에서 온 사람들에게 소개해도 전혀 손색이 없는 관광명소가 될 것이 분명했다.

우선 반대하는 교인들을 설득하는 것이 중요했다. 예배를 보는 신성한 장소를 일반인들에게 개방하는 것이 과연 옳은 일인가를 두고 교인들끼리도 의견이 분분했다. 하지만 지역의 변화와 발전을 위해서 꼭 필요한 일이고, 교회가 앞장서서 지역 공동체를 위해 헌신해야 한다는 목사님과 사무장로님의 확고한 믿음과 지역 주민들의 간절한 염원이 모여 결국 반대하는 이들의 마음을 돌릴 수 있었다.

평소 개방하지 않던 첨탑을 개방하고 관광지로 개발하기 위해서는

노을빛 전망대에서 바라본 화성 성곽과 주변 전경(출처 : 수원시 포토뱅크)

많은 예산이 필요했다. 마을르네상스 공모사업에 선정되어 예산을 지원 받았지만 그것으로는 부족했다. 다행히 교인들의 도움으로 교회 자체 예산을 늘리고, 수원농수산물유통센터의 재정지원을 받아 공사를 진행했다. 전체 13층 중 전망대가 시작되는 7층에는 계단을 오르기 편한 복장으로 갈아입을 수 있는 공간을 만들었고, 8층에서 10층까지는 관람객들이 회화와 사진을 감상할 수 있는 갤러리로 꾸몄다. 그리고 11층과 12층은 옥내 전망대로, 마지막 13층은 옥외 전망대로 만들었다.

2012년 4월 처음 논의를 시작한 지 5개월 만에 전망대 공사가 마무리되었다. '노을빛'이라고 이름 붙여진 전망대와 갤러리는 지역 주민들과 교

노을빛 전망대 갤러리(출처 : 수원시 포토뱅크)

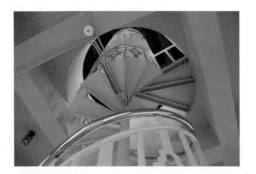
전망대로 올라가는 길(출처 : 수원시 포토뱅크)

인들의 기대 속에 성황리에 개관식을 마쳤고, 이후 이곳은 많은 사람들이 찾는 지역 명소가 되었다. 현재 입소문을 타고 점점 늘어난 관람객 때문에 관람시간 연장과 함께 북카페 등의 부대시설을 추가로 조성하고 있으며, 지동의 다른 지역자원과 연계한 유료 관광 상품을 개발하여 마을기금을 조성하기 위한 논의가 진행 중이다.

통영 부럽지 않은 '지동 벽화'

수원시 팔달구 지동의 낡고 허름한 골목 안 낙후된 주택들은 수리나 보수 없이 오랫동안 방치된 채 마을 분위기를 어둡게 만들고 있었다. 재개발이 되면 보상을 받아 떠나려는 주민들이 많아 마을에 대한 애착심도 찾아보기 힘들었다. 하지만 수원시에서는 더 이상 재개발 계획이 없었고, 그곳을 떠나지 못하는 주민들은 이대로 낡은 집과 골목을 방치할 수 없다는 결론에 이르게 되었다.

벽화그리기는 다른 도시에서도 이미 시도되어 그 성과가 어느 정도 검증된 사업이었기 때문에, 지동 골목 환경개선 사업으로도 적합하다는 데 의견이 모아졌다. "우리 마을도 통영 동피랑 마을이나 서울 종로 이화동처럼 유명한 벽화 마을로 만들어봅시다."

문제는 지역 주민들이 대부분 연령이 높아서 과연 주민 참여도가 얼마나 될 것인가 하는 것이었다. 다행히 자신들의 재능을 적극적으로 기부해준 젊은 미술가들의 열정이 골목에 활기를 불어넣어줬다. 주민들도 자기 집 담장이 예쁘게 변해가는 모습에 호감을 보이기 시작하였고, 나중에는 직접 벽화 그리는 일에 동참하기도 하였다. 함께 땀 흘리며 마을 꾸미기의 기쁨을 나누면서 지동의 골목은 화합과 소통의 장으로 변해갔다.

황금빛 인생 '금빛합창단'

금빛합창단은 수원시 팔달구 행궁동 주민들이 만든 합창단이다. 행궁동은
수원시에서 노령 인구가 많은 지역 중 하나이다. 그래서 어느 마을보다도
노인들을 위한 문화 프로그램이 절실했다. 그러던 중 마을르네상스 공모
사업을 계기로 55세 이상의 노인들로 구성된 '금빛합창단'을 창단하게 되
었다. 건강한 실버, 활기찬 실버, 꿈을 이루는 적극적인 실버문화의 확산
으로 이어질 수 있다는 기대감을 갖고 시작한 사업이었다.

2011년 9월에 공개 오디션을 통해 선발된 1기 단원 40명은 지휘자의
지도 아래 수원시민소극장 지하에서 매주 2차례 2시간씩 연습을 했다. 첫
연습에서 단원들은 "악보가 안 보인다. 음정이 너무 높다. 박자 맞추기가
어렵다" 등등 한숨과 불만들을 쏟아냈다. 그러나 기초 발성부터 배우기 시

2013 마을계획단 발대식에서 축하공연을 하고 있는 '금빛합창단'

작해 차츰 소프라노와 알토와 베이스의 3개 파트로 나눠 가곡과 가요, 민요 등을 반복적으로 연습하며 호흡을 맞춰나갔다.

그렇게 3달 여를 연습한 끝에 드디어 2011년 11월 30일, 수원시민소극장에서 역사적인 창단기념 공연을 펼치게 된다. 당시 단원이 40명이었는데 〈향수〉, 〈정조대왕〉, 〈님과 함께〉, 〈당신은 사랑받기 위해 태어난 사람〉 등의 노래를 멋진 화음으로 소화하며 초겨울 밤을 뜨겁게 달구었다. 관객들의 반응은 그야말로 폭발적이었다. 부모나 배우자인 합창단원들이 부르는 노래가 끝날 때마다 공연장이 떠나갈 듯한 박수갈채가 터져 나왔으며, 마지막 곡이 끝나고 난 후엔 단원들과 가족들의 감동이 물결치며 공연장이 온통 눈물바다로 변해버렸다.

현재 금빛합창단은 추가 단원 모집을 통해 선발된 70여 명의 단원이 활동 중이다. 앞으로 수원 내는 물론 해외공연도 추진할 것이라고 포부를 밝히는 '금빛합창단'은 노인이 즐거운 마을, 노년이 행복한 마을 행궁동의 문화 전령사로서 맹활약하고 있다.

슬로우 라이프 '행복한 달팽이들'

행복한 달팽이들은 수원시 장안구 송죽9통의 마을만들기 추진체다. 만석공원을 끼고 자리한 송죽9통은 다세대주택(연립, 빌라)과 단독주택들이 밀

주민들이 직접 만든 빗물 저금통과 화단(출처 : 수원시 포토뱅크)

집해 있는 전형적인 주거지였다. 대부분 몇 십 년씩 된 오래된 건물이 많아 담장은 금이 가고 페인트는 벗겨졌으며 각종 시설물들도 노후화된 모습을 보이고 있었다. 게다가 골목길 곳곳에는 분리되지도 않은 쓰레기들이 곳곳에 방치되고 있어 눈살을 찌푸리고 코를 감싸 쥐는 일이 다반사였다. 하루가 멀다 하고 벌어지는 골목 안 싸움은 주민들 간에 불신과 혐오를 낳고, 그것은 결국 소통의 부재와 반목의 악순환으로 이어졌다.

첫 번째로 해결해야 할 과제는 바로 환경정비였다. 동네 골목이 깨끗하지 않으면 주민들이 애착을 갖지 못하고, 마을을 방문하는 이들에게도

나쁜 인상을 준다는 생각이었다. 그동안 예산이 없어 엄두를 못 내던 행복한 달팽이들의 마을 바꾸기 아이디어가 수원 마을르네상스로 날개를 달고 날아오르기 시작한 것이다. 달팽이들이 모여 몇 차례 회의를 한 결과 담장 허물기, 아트박스 벽돌쌓기, 바닥공사, 우편함 달기, 꼬마화단 조성, 펜스 작업, 장미심기 등 골목 안 감성을 살리는 방향으로 사업을 진행하기로 결정했다.

모두가 나서 주변을 둘러보니 마을 만들기에 쓰일 소중한 자원들이 무궁무진했다. 보도블록, 버리는 장승, 낡은 항아리, 아이들 공, 낡은 장화, 시계추, 버려진 능소화 등이 마을을 단장하는 데 재활용되었다. 쓰레기가 쌓여 있던 연립주택 뒤뜰에 펜스를 설치하고 공간을 조성하여 장미와 넝쿨식물을 식재하였다. 또 원하는 집마다 튼튼하고 예쁜 나무 편지함을 세워주었다. 자투리땅이 조금만 있어도 아스팔트를 걷어내고 꽃을 심었다. 그렇게 골목 안이 밝고 깨끗하게 변하자 덩달아 주민들의 표정도 환하게 바뀌었다.

마을만들기의
서포터들

우리보다 먼저 마을 만들기를 경험한 일본의 다무라 아키라는 마을만들기를 '사람만들기'라는 용어로 설명한 바 있다. 아무리 좋은 시스템이 갖추

조원1동, 송죽동 마실투어(출처:수원시 포토뱅크)

> 아무리 좋은 시스템이
> 갖추어져 있더라도 주민
> 의 의식이 변화하지 않
> 고 자발적인 참여가 이
> 루어지지 않는다면 진정
> 한 의미의 마을만들기는
> 실천되기 어렵다.

어져 있더라도 주민의 의식이 변화하지 않고 자발적인 참여가 이루어지지 않는다면 진정한 의미의 마을만들기는 실천되기 어렵다는 뜻이다. 그런데 우리나라의 경우, 급격한 산업화와 도시화를 겪으면서 한 곳에 정착해 살아야 한다는 생각이 희박해짐에 따라 공동체적 연대감이 점점 약화되었다. 국토개발이 총량적 성장에 치우치면서 자신이 사는 지역에 대한 애착심이나 소속감 대신 개인의 경제적 이익에 민감하게 반응하는 경향이 짙어지게 되었다. 그러다보니 선진국에 비해 자발적이고 주체적인 주민의식과 공감대 형성이 부족한 게 사실이다.

이런 상황 속에서 주민이 주체가 된 마을만들기를 활성화하기 위해서는 지자체에서 체계적으로 운영하고 지원할 수 있는 전담조직을 설치하여 운영하는 것이 필요하다. 민간의 싱크탱크와 컨설턴트 중에서 마을만들기를 체계적으로 지원할 수 있는 전문가의 협조를 받는 것도 하나의 대안이 될 수 있다. 지역주민과 리더가 활동에 대한 의욕은 가지고 있으나 구체적으로 어떻게 시작하고 진행하여야 할 것인가에 대한 방법론을 몰라 시작조차 못하는 경우도 있기 때문이다. 지자체 차원에서는 도시계획, 도시개발, 토목, 건축, 조경, 미술, 문학 등 다양한 분야의 전문성을 갖춘 인력풀pool을 확보해놓아야 한다(류중석·송미령·이성은·이왕건·이재준, 2006). 또한 계획수립과 사업진행과정에서 주민 간, 주민과 지자체 간 갈등이 발생하여 활동이 지체되거나 중지되는 상황이 발생할 수도 있는데,

전문가가 객관적인 싱크탱크로 참여하여 갈등을 조정하며 바람직한 방향으로 활동을 유도해 나갈 경우 문제해결에 큰 도움을 줄 수 있다.

그렇다면 현실에서의 마을만들기 전담 조직 운영사례에는 어떤 것들이 있을까. 미국 시애틀의 경우 1988년 시장의 명령으로 '근린부서 Department of Neighborhoods'를 설치해 운영했고, 일본 세타가야 구에서는 1983년에 '마을만들기 추진과'를 설치한 이후 1987년에는 '마을만들기 지원센터'를 설립하여 운영하고 있다. 국내에서는 광주광역시 북구가 주민자치과 내에 '마을만들기 팀'을 설치했고 2005년에는 다양한 프로그램 개발과 자료수집, 정보제공 지원을 위해 '마을만들기 지원센터'를 설치해 운영하고 있다.

수원시도 민선5기 '사람이 반가운 휴먼시티'의 핵심사업 중 하나인 '시민이 주인 되는 마을르네상스' 사업을 위해 2010년 '마을만들기추진단'을 설치했고, 2011년에는 마을만들기 사업을 위한 주민과 행정의 중간역할, 공모사업 추진, 거버넌스 활동 강화, 정보 · 자료 수집과 제공을 목적으로 '마을르네상스 센터'를 설치하여 운영하고 있다.

마을의 미래를 그리는 과정은 현실적이고 구체적이어야 한다. 특히 재정이 한정되어 있는 상황에서는 더욱 실현 가능한 방법을 제시할 수 있어야 한다. 주민이 마을계획을 수립하고 집행하는 과정이 잘 이루어지지 않는 것은 사실 재정 문제가 가장 큰 이유 중 하나이다. 주민에 의한 마을만들기가 지속되기 위해서는 행정으로부터의 재정적 지원에서 어느 정도 독립해야 한다.

그러기 위해서 필요한 것이 바로 커뮤니티 비즈니스Community Business인데, 이 개념에 대해 연구자들은 '지역사회 공동체와 같은 커뮤니티에 기반을 두고, 빈곤, 질병, 갈등, 환경오염 등 지역에서 발생하는 다양한 사회적 문제를 지역사회가 스스로 사업가적인 마인드를 발휘해 해결하는 것, 다시 말해 지역 주민들이 지역의 자원을 이용해 지역의 과제들을 해결해 나가는 지속가능한 사업 모델'이라고 설명한다. 또한 '지역주민이 중심이 되어 지역에서 사업을 전개함으로써 그 지역사회가 안고 있는 문제를 해결하려는 시도이며, 사업성을 겸비한다는 점에 특징이 있다'고 이야기한다.

주민이 진정한 주인이 되는 마을만들기를 시행하려면 마을의 향토적 자산을 일구고 그것을 기초로 벌이는 사업을 통해 지역경제의 활성화를 도모하여 마을의 일자리 창출, 마을공동체 형성을 이룰 수 있는 사업 모델들이 자리 잡도록 해야 한다. 마을 단위에서 자생하며 지역 커뮤니티를 통해 여러 활동들이 소화되고 일정 부분 사회에 혜택이 돌아가는 다양한 커뮤니티 비즈니스모델이 지속적으로 발굴되어야 한다.

통상적인 일반회계과정을 통해 예산을 확보하는 시스템에서는 마을만들기 사업만을 위한 예산 확보가 안정적이지 않을 수 있으며 외부 변화에 의해 축소되는 경우가 많다. 그런데 시민들이 직접 추진하여 시작한 사업들은 지속적인 신뢰를 기반으로 안정적으로 추진되어야 하므로, 마을만들기를 위한 기금^{펀드} 조성이 필요하다고 본다.

영국의 에셋 매니지먼트Asset Management은 지역사회의 재정적 독립의 이점을 잘 보여주는 대표적인 사례이다. 에셋 매니지먼트란, 국가나 지방자치단체 혹은 민간이 소유하고 있는 유휴지 또는 국유지나 비어있는 건물을 마을만들기 사업체Development Trust 등 지역 시민단체가 싼 가격에 매입 혹은 대여하여 경영에 활용하고, 그것을 통해 창출되는 수익을 지역 주민의 공공이익으로 돌리는 것을 말한다. 시민단체는 에셋 매니지먼트를 통해 토지나 건물 등을 소유, 경영함으로써 자신들의 활동 거점으로 삼기도 하고, 정부나 지자체의 재정적 보조로부터 자립할 수 있게 된다. 이럴 경우 정치적 압박이나 외부 시장의 변화에 영향을 덜 받게 되어 공공이익을 추구하는 시민단체의 이념을 지킬 수 있고, 장기적인 관점에서 지역재생사업에 전념할 수 있다는 이점이 있다(목민관클럽, 2011).

그런데 아직까지 우리나라에서는 공공의 자산을 민간에 이전하는 것에 대한 이해와 공감대가 아직 형성되어 있지 않은 상태다(목민관클럽, 2011). 더구나 이에 대한 이해가 높아진다 하더라도, 아직 정책이나 법적인 제도가 뒷받침해주지 못하고 있다. 시범 사례나 사업을 확대하고, 한국 상황에 적합하도록 제도를 개선하여 도입할 필요가 있다.

이호철

• 수원시 마을만들기협의회 회장 •

눈뜸

:

마을만들기를 알게 되면서 새로운 세상에 눈뜨게 되었다.
'이렇게 하면 우리 마을이 좋아지는구나, 이게 남의 일이 아니고 내 일이구나'를
느끼게 된 순간은 감격 그 자체였다.

4

자동차가 사라진 도시

도시의 주인은
자동차?

불과 100여년 만에 자동차는 지구상 모든 도시의
주인이 되었다(이재준, 2012g). 도로와 주차장이 대
부분의 도시에서 중요한 공공시설로 자리매김 하
고 있다. 사람보다 자동차가 우선인 셈이다. 물론 자동차는 편리한 이동수
단이며, 때로는 사회적 지위의 상징으로서 작용하기도 하고, 드라이브 자
체가 레저의 한 영역이 되기도 한다.

그런데 한편으로는 자동차가 인간에게 주는 위협 또한 결코 적지 않

다. 자동차는 배기가스를 배출하여 대기환경을 오염시키고, 화석연료를 소비하는 지구 온난화의 주범이 된다. 또한 자동차를 이용하는 사람들은 걷는 시간이 대폭 줄게 되는데 이는 현대인의 건강에 좋지 않은 영향을 미치며, 교통사고로 많은 사람들이 사망하거나 다치기도 한다. 교통체증으로 인한 스트레스가 증가되고, 도로 개설이나 정비 때문에 많은 예산이 소요된다. 자동차 소음은 점점 증가하는 반면, 아이들의 골목길 놀이터는 계속 사라져 가고 있다.

이러한 자동차의 위협에서 벗어나 사람이 중심이 되는 도시를 만들 수 없을까? 보행과 자전거, 대중교통이 중심이 되는 사람을 위한 도시 말이다. 여기서 말하는 사람 중심의 도시란, 쉽게 말해 먼 거리는 대중교통을 이용하고 가까운 거리는 도보나 자전거를 이용함으로써, 자동차 보다 사람이 우선이 되는 도시를 의미한다. 특별히 먼 거리를 이동할 경우에는 개인 자동차보다는 함께 공동으로 나눠 쓰는 카 쉐어링을 이용하거나 노면 전차, 바이모탈 트램을 이용한다. 가까운 거리는 마차나 인력거를 이용하여 옛 정서를 살릴 수도 있고, 첨단 교통수단인 세그웨어나 PRT개인전기이동차량를 이용할 수도 있다.

이와 같이 자동차 중심 도시를 사람중심의 도시로 바꾼다면, 건강한 공동체가 자생하는 공간이 되살아날 것이다. 대기오염이나 교통 소음이 줄어 보다 쾌적한 도시환경이 조성될 것이고, 골목길은 아이들의 놀이터

나는 서울보다 수원이 좋다

자동차보다 자연과 사람이 우선인 보행공간과
주거공간을 보여주는 sharnhausen in ostfildern

나 마을사람들의 문화공간으로 바뀔 것이다. 무엇보다 CO_2 발생량이 최대 15% 정도 감축되어, 기후변화시대에 가장 대안적인 도시가 될 것이다. 지금, 대한민국 수원은 바로 이런 사람 중심의 도시를 꿈꾼다.

화석연료 없는 미래

지금 수원시는 전 세계 어느 도시에서도 시도한 적이 없는 새로운 도전을 시작하고 있다. 바로 '생태교통수원 2013' 프로젝트를 기점으로 수원시를 사람 중심의 도시로 전환시키는 것이다.

2013년 9월 세계 최초의 생태교통국제시범사업Eco-Mobility Festival 2013 Suwon이 수원에서 개최되었다. 한 달 동안 수원시 행궁동에서는 화석연료가 고갈된 상황을 설정하여 자동차 없이 친환경 이동수단을 이용해 살아가는 체험 행사가 펼쳐졌다. 이는 꾸리찌바의 친환경적 대중교통 시스템보다도 한 단계 진일보한 도전으로, 화석연료 없는 생태교통 도시 실현이 가능한가를 직접 실험하는 행사였다. 단순히 차가 안 다니는 수준이 아니라, 대체 주차장을 만들어 도심에 있는 자동차를 모두 옮겨놓고 그야말로 완벽하게 화석연료 자동차가 없는 거리를 조성했다. 세계 최초로 시도되는 행사였기에 세계의 이목이 집중되었다.

'생태교통수원 2013'은 그동안 세계문화유산인 수원화성을 보전하기 위한 각종 규제로 인해 낙후될 수밖에 없었던 행궁동의 도시기반을 새롭게 정비하는 좋은 계기가 되었다. 또한 자동차보다 보행과 자전거, 대중교통이 중심이 되는 도시로 전환하기 위한 시범사업을 국제적으로 개최하여 '환경수도 수원'이라는 국제적 위상과 도시 브랜드 가치를 새로이 정립하는 기회이기도 했다(이재준, 2012g).

한 달 동안 화석연료 자동차 없이 생활하는 행궁동 주민들의 모습은 웹캠으로 중계되었고 사진과 영상으로도 기록되어 세계 생태교통 연구자, 세계 지방정부 대표, 국제기구 관계자들에게 연구 자료로 제공되었다. 또한 같은 기간 중 '생태교통 세계대회', '저탄소 녹색도시 국제포럼', '생태교통연맹 국제 워크숍' 등의 다양한 행사가 함께 개최되었다.

수원시와 ICLEI는 2012년 하반기부터 매월 합동 워크숍을 개최해 시범사업 추진을 위한 실무적인 협의를 진행하였고, 시범사업 지역 거리 설계를 위해 국제전문가, 파트너, 국내 연구자, NGO 및 수원시 관계자가 함께 참여하는 워크숍을 개최했다. 2013년 4월에는 '생태교통수원 2013' 조직위원회가 출범했으며, 꾸리찌바의 도시계획연구소IPPUC 같은 도시 환경 분야에 특화된 수원시정연구원을 출범시켰다.

생태교통수원 2013은 수원시민들의 집단지성의 힘이 있었기에 가능한 일이었다. 사실 한 달 동안 일상의 모든 불편을 감수하면서 미래를 위

자동차 중심에서 사람 중심의 마을로 변화한 행궁동(출처 : 수원시 포토뱅크)

나는 서울보다 수원이 좋다

한 실험에 참가한다는 일은 말처럼 쉬운 일이 아니다. 그럼에도 불구하고 기꺼이 이 도전에 동참해준 행궁동 주민들에게 이 행사가 주는 의미와 보람은 그만큼 남다를 것이라 생각한다. 앞으로 수원시가 생태교통수원 2013을 발판으로 삼아 자동차 없이도 잘 살아가도록 우리의 전체적 생활 습관을 바꾼다면, 시 전체적으로 볼 때 CO_2 배출량이 15%나 절감하게 될 것이고, 이러한 변화들은 도시환경은 물론 전 지구적 환경문제를 해결하는 바람직한 사례로 남게 될 것이다.

직접 민주주의의 첫 단추

'생태교통수원 2013'은 실질적인 생태교통 공동체를 조성함으로써 혁신적이면서 창조적인 생태교통 해법을 제시하고 가시적으로 선보인 경험이었다. 또한, 수원 시민들에게 미래의 생태교통을 체험할 기회를 제공함으로써 지속가능한 환경과의 공존을 인식하게 되는 동기를 부여한 좋은 계기도 되었다.

한 달 동안 불편함을 참아내며 적극적으로 협조해 준 행궁동 주민들과 자원봉사자들, 그리고 칸막이 행정을 허물고 대의적인 마음으로 꿈과 도전을 함께 한 수원시 공직자들의 노력이 모여 성공적인 결과를 낳았다고 생각한다. 필자는 생태교통수원 2013의 의미를 이렇게 정리한다(이재준, 2013g).

첫째 의미는 기후변화에 대응한 환경정책이라는 데 있다. 세계 최초로 화석연료가 고갈된 미래를 가정하고 자전거, 세그웨이와 같은 무동력 이동수단을 이용하는 등 지속가능한 발전과 에너지 위기에 적합한 새로운 미래의 도시모델을 만들고자 했던 환경실험이었다.

둘째, 선진 미래교통을 실험한 교통정책으로서도 의미가 있다. 한 달 동안 보행과 친환경 교통수단으로만 사는 불편한 체험을 성공적으로 마무리함으로써, 자동차 중심에서 사람 중심으로 도시교통 체계를 전환할 수 있다는 가능성을 발견하였다.

셋째, 낙후된 구도심을 정비하고 지역경제를 활성화시키는 도시재생정책으로서의 의미다. 거리특화사업 및 경관개

생태교통수원의 풍경

선사업, 주거환경을 개선하는 도시 르네상스 사업 등을 통해 행궁동은 보행자 중심의 아름다운 도시, 역사와 문화가 있는 활기찬 공간으로 변화하였다.

넷째, 성공적 거버넌스 정책으로서의 의미다. 기반시설 설치공사로 인한 영업 손실 보상요구 등 반대단체까지 설립해 집단적으로 시위를 벌였던 주민들도, 진정성 있는 행정의 노력을 통해 나중에는 자발적으로 참여하는 우호적인 조력자로 변하게 되었다.

생태교통수원 2013은 세계 최초의 생태교통 실현 프로그램으로, 생태교통으로 만들어 질 수 있는 미래의 일상을 미리 예측하고, 비동력·무탄소 교통수단의 수송 분담을 증대하여 자동차 등 동력을 이용한 교통수단의 온실가스 배출을 감축하고 환경 친화적인 에너지 절감형 교통물류체계로 전환시킴으로써, 기후변화 등에 적극 대처하는 사업이었다. 수원시는 이미 노면전차, 전기버스, 바이모달트램 등의 도입을 검토하는 등 도시교통체계를 점진적으로 친환경적으로 전환하려는 노력을 시작했다. 앞으로 자전거 도로를 확대하고 걷고 싶은 거리를 더욱 넓혀서 미래 생태도시 구축 기반을 강화해, 친환경 교통 도시의 메카로 발돋움 할 수 있도록 도시의 체질을 변화시켜 나갈 것이다.

생태교통 페스티벌 스케치 (출처 : 수원시 포토뱅크)

성공적으로 치러낸 생태교통 마을을 앞으로 어떻게 운영해 나갈 것인지에 대해 행궁동 주민들과 행정가, 전문가, 시민단체가 모여 진지한 논의를 시작했다. 2013년 11월 13일, 수원시민 300명이 모여 원탁토론회를 개최한 것이다. 원탁토론회는 대규모 타운미팅 방식으로 진행되었다.

주어진 문제에 대해 이해당사자들이 직접 조사와 토론에 참여하고, 무선 웹 토론 시스템과 무선 전자투표기가 결합한 21세기형 민주주의 시스템을 활용하였다. 이런 회의가 필요한 이유는 의제의 복합성 때문이다. 도시문제는 겉으로는 단순해 보이지만, 다양한 이해관계를 맺고 있는 시민들의 양보와 합의가 절대적으로 필요한 영역이다. 그리고 미리 예측하지 못한 일들이 긴박하게 발생하는 경우도 많이 있으며, 이에 따라 다양한 분야의 전문가들이 통합적으로 제시하는 의견이 필요하게 되었다.

수원시 300인 생태교통 원탁토론회의 원칙은 다음과 같았다.

1. 한사람도 빠짐없이 모두 발언한다.

2. 주민과 정책결정자가 한자리에 모여 동등한 발언권을 가진다.

3. 틀린 것은 없으며, 서로 생각이 다를 뿐임을 인정한다.

4. 나의 생각을 말하고, 반드시 상대의 의견을 청취한다.

5. 수렴된 의견은 정책결정에 반영한다.

생태교통 300인 원탁토론회 진행 모습(출처:수원시 포토뱅크)

6. 한 테이블에 열 명씩 30개의 원탁에서 동시 토론을 진행한다.

7. 의견을 실시간으로 처리해 전체의견으로 압축 · 정리한다.

8. 토론자들의 의견은 전자투표를 통해 순위를 결정한다.

이날 300인 원탁토론 회의에는 수원시장과 부시장을 비롯해 행궁동 주민 240명, 시민단체 회원15명, 생태교통전문가 15명, 행궁동 이외 지역 주민 30명 등 10대 학생부터 70대 어르신까지 다양한 연령대와 직업군이 참가해 열띤 토론을 펼쳤다. 무려 3시간 가까이 진행된 원탁토론회는 참가자 10명씩 30개의 원탁에 앉아 각각의 주제에 관해 이야기를 주고받는 것으로 시작하였다. 주제별 토론내용은 전광판에 실시간으로 공개되어 현장에 있는 다른 테이블의 참가자들과 공유할 수 있도록 하였고, 테이블별 토론 결과에 대해서는 실시간 전자투표를 통해 정책의 우선순위를 결정하고 합의를 도출하는 과정으로 진행됐다.

진지하면서, 동시에 즐거운 원탁토론 현장

정순옥

• 조원1동 대추동이 문화마을 만들기 부위원장 •

즐거움

;

우리 스스로 마을의 변화를 위해 새로운 시도를 하는 장을
마련한다는 것은 값지고 보람 있는 일이었다.
주민들이 기뻐하고 좋아하는 모습을 보는 것 또한 큰 즐거움이었다.

부록

참여를 제도화, 정책화하는 방법

민주주의의 이상에 가장 근접해 있는 것은 직접민주주의일 것이다. 하지만 복잡한 현대사회는 대의민주주의를 채택할 수밖에 없다. 사실상 선출된 대표가 시민들의 의사와 반대 방향으로 움직이는 경우, 이를 제지할 방법이 없다는 것이다. 그러나 지방자치는 지역 주민들이 지역의 문제를 스스로 해결함으로써 대의민주주의의 한계를 보완하고 민주주의를 한 단계 업그레이드시키는 제도적 장치가 될 수 있다. 그런 의미에서 최근 '풀뿌리 민주주의'와 '근린'이 주목받고 있다.

1

새로운 길을 모색하다

소통과 공유,
그리고
책임

거버넌스 정책은 부족한 권한, 미비한 제도적
지원, 어려운 의사소통, 상충되는 이해관계 등
여러 가지 어려움을 가지고 있다. 아직도 지자
체의 많은 정책과 사업이 공공의 주도 아래 일방적으로 추진되고 있으며
주민들의 역할은 여전히 제한적이다.

그렇지만 여러 가지 한계와 제약 요인들을 극복하고 더 실질적이고
적극적인 참여와 협력을 이끌어내기 위한 제도적인 노력은 계속되어야 한

다. 카모나 외(2003)는 어반 디자인 그룹(1998)을 인용하여, 커뮤니티 계획과 설계 상황에 적용할 수 있는 일반 원칙을 다음과 같이 제시하였다.

① 충분히 알리고, 충분히 듣는다.

주민자치 거버넌스 정책의 가장 기본이 되는 것은 관련 정보와 인식을 공유하는 것이다. 홍보를 위한 노력이 부족하거나 전달 방식이 미숙하여 기본적인 정보들이 제대로 전달되지 않으면, 당사자들의 이해나 지지, 참여를 기대하기 어렵다. 또한 관련 정보는 누구에게나 투명하고 동등하게 제공되어야 한다. 특정 주체에게 편중되는 정보는 권한의 소외와 불균형으로 이어지기 쉬우며, 이는 계획이나 사업, 정책의 과정과 결과를 왜곡시키게 된다. 모든 이해관계자들의 알 권리와 자신의 의견을 주장할 권리를 보장하기 위해 정보 전달과 의사소통 경로는 항상 누구에게나 열려있어야 하며, 여러 주체들 간에는 지속적이고 빈번한 접촉이 이루어져야 한다. 사업 홍보나 주민 인터뷰, 공청회 등 각 단계별로 거쳐야 하는 절차 외에도, 크고 작은 안건에 따라 다양한 형식과 내용으로 소통의 기회를 적극 마련한다. 한편, 역으로 참여주체들이 가지고 있는 지식이나 정보, 의견을 적극적으로 받아들이는 것도 매우 중요하다. 관련 주체들이 자신의 의도와 견해를 표현하고 그것이 반영될 수 있는 경로가 열려있어야 한다는 것이다. 이때 중요한 것은 일방적인 정보수집이나 의견수렴에 그치지 않고 상호작용을 통해 다음 단계의 소통을 이끌어내는 것이다. 가령, 사업 대상지 주민들을 대상으로 설문조사를 실시할 때, 개별적인 답변을 취합하여 바로 계획이나 사업에 반영하기 보다는, 설문결과를 통해 발견된 문제점을 알리고 심화하여 논의하는 기회를 가져 본다면 문제에 대한 인식을 주민 간에 서로 공유하고 보다 구체적인 대안으로 발전시킬 수 있게 될 것이다.

② 관심과 흥미를 유발해야 한다.

주민들을 대상으로 제공되는 정보는 정확하고 구체적이면서도 이해하기 쉬워야 한다. 의사소통의 한계와 어려움을 줄이기 위하여 전문적인 용어나 도면보다는, 관련 전문 지식이 없는 사람들도 직관적으로 이해할 수 있는 표현 방식을 고안해야 한다. 말하고 듣고 읽고 쓰는 언어적인 소통 이외에 입체적이고 시각적인 매체나 도구, 자료 등을 활용하면 많은 도움이 된다. 소통의 대상이 어린이나 노인 등 공동체 내의 특정 집단일 때에는, 해당 집단의 특성에 대해서도 별도로 고려할 필요가 있다. 워크샵, KJ법(브레인스토밍), 지도 그리기, 축제를 통한 문제 공유 프로그램, 평가단 옐로 카드, 청소년 기자단 운영, 타 사례지 방문, 가설치를 통한 사회적 실험 등 참여 주체들의 관심과 흥미를 유발할 수 있는 다양한 기법들을 제시하는 것이 유용하다. 참여주체들이 직접 사진을 찍거나 지도나 모형을 만들고 스티커를 붙이는 등, 눈과 머리, 손과 몸을 스스로 사용하게 하는 활동은 적극적인 참여를 이끌어내는 데 도움을 준다.

③ 문제의식과 목표를 공유해야 한다.

　　홍보나 의견수렴을 통한 정보 공유의 수준을 넘어, 계획과 의사결정 과정에 주도적으로 의견을 제시하고 그 내용이 실질적으로 반영되기 위해서는 무엇보다 관련 주체들이 문제에 대한 인식과 목표를 공유하는 것이 매우 중요하다.

④ 질적인 책임과 권한을 부여해야 한다.

　　거버넌스 정책에 대한 의사결정과 실행 과정에서 주민들의 참여가 실효성을 가지도록 하려면 주민들에게 실질적인 권한이 주어져야 한다. 그러나 중요한 결정에 대한 권한을 개인에게 임의로 넘기는 것은 이해관계를 왜곡할 소지가 있다. 최근 공공사업이나 정책에서는 주민 개개인이 가지는 대표성의 한계를 보완하기 위하여, 주민협의체나 운영회 등의 조직을 구성하여 의결 권한을 부여하는 방식으로 제도적인 지원이 이루어지고 있다. 이 경우, 조직의 대표성과 투명성, 운영의 지속성을 확보할 수 있는 방안에 대한 검토가 함께 이루어져야 한다. 더 일상적인 차원에서는 이용자에게 권한을 부여하는 문제에 대해 생각해 볼 수 있다. 자신이 이용하는 공간에 대해 아무런 권한과 의무가 없는 사람은 책임감이나 주인의식역시 가지기 어렵다. 반면, 스스로가 기획하고 가꾸어 나가면서 공간을 완성해나갈 여지가 있을 때, 공간 환경에 대한 흥미나 태도, 애착은 크게 달라질 수 있다. 외부 공간을 전담하는 관리 주체가 있는 아파트와 달리, 단독 및 다세대 주거지역에서 모두가 공유하는 공공영역인 골목길과 자투리 공간을 '누군가가 관리해주는 것'으로 인식하기 시작하면, 아무도 관리하지 않는 방치된 공간이 되어 급격한 노후화가 진행된다. 반면, 집 앞의 눈을 치우거나 화단을 가꾸고, 소화전을 관리하는 등 손쉽게 실천할 수 있는 것부터 주민들이 공공 영역에 개입하고 결정 및 조정할 수 있는 여지를 만들고 넓혀나간다면, 공공 영역의 유지관리 수준이나 만족도뿐 아니라 지역의 관계와 역량 증진, 사회적 자본 축적과 같은 효과로 이어질 수 있다.

거버넌스 정책의 추진단계

시민이 스스로 만들어 가는 시민도시를 위한 정책사업의 일반적인 절차는 뉴욕시 교통부(2009)의 가로 설계 매뉴얼Street Design Manual을 참고하여 사전조사, 계획과 설계, 실행, 이용 및 사후관리 등 4단계로 나눌 수 있다(오성훈 · 남궁지희, 2011).

① 사전조사 단계

사전조사 단계는 관련 정책과 사업성에 대한 검토, 대상지의 지역적인 맥락과 여건, 현황에 대한 조사, 사업 범위와 대상 선정 등 계획이나 설계에 필요한 기본적인 정보나 자원들을 모으고 분석하고 판단하는 과정이다. 이 과정을 통해 당면한 현황과 문제점, 우선순위가 명확하게 드러나게 되며, 이는 목표와 계획을 수립하고 설계안을 도출, 평가하는 과정에서 근거로 활용된다.

② 계획 및 설계 단계

계획 및 설계 단계는 목표를 설정하고, 기본계획을 수립하며, 설계 개념과 기본 구상, 여러 대안에 대한 비교 분석을 거쳐 상세 실시설계에 이르는 과정이다. 대상과 문제점에 대하여 무엇을 어떻게 할 것인지를 결정하는 과정으로, 이 과정에서 다양한 주체들의 권한과 이해관계, 우선순위가 공정하고 투명하게, 균형 있게 반영되어야 한다.

③ 실행 단계

실행 단계는 계획과 설계의 내용을 현실적인 여건에 따라 이행하여 실질적인 결과물로 구현하는 과정이다. 여기에는 도로 포장이나 시공, 특정 시설물의 설치나 공공 공간의 조성과 같은 물리적인 변화 이외에도, 용도나 서비스, 교통체계와 운영방식 등의 행태적인 변화나 운영 주체와 조직을 구성하는 등의 행위도 포함된다. 실행 과정에서 주체의 역량이나 지역적 여건, 현실적인 제약에 따라 계획한 내용에 변경이나 조정이 필요할 수도 있다.

④ 이용 및 사후관리 단계

　　이용 및 사후관리 단계는 실행 이후에 보행환경을 실제로 이용하고 관리하는 과정이다. 보행환경을 개선하기 위한 공공사업은 흔히 실행까지의 단계만을 다루는 경우가 많은데, 사업이 완료되는 시점에서 잘 마무리되더라도 사후 이용이나 관리 차원에서 문제가 발생하면 제대로 된 효과를 거두기 어렵다. 사업을 추진하는 단계에서부터 지속적인 사후 관리 체계와 방안에 대해서도 함께 고려해야 한다.

　　정책사업의 조성이나 개선과정의 합리성과 공공성을 증진하기 위해서는 사전조사에서 사후관리에 이르는 모든 절차가 투명하고 민주적으로 이루어져야 하며, 각 단계별로 평가와 환류feedback 체계가 제대로 작동해야 한다. 도출된 계획 및 설계안을 실행에 옮기기 전에 그 방향과 내용, 적합성과 구체성에 대하여 여러 가지 관점에서 검토, 보완하고 사회적으로 요구되는 심의와 승인 절차를 거쳐야 한다. 실행이 완료된 이후에는 구현된 결과물에 대하여 목표는 달성되었는지, 계획한 대로 잘 이루어졌는지, 계획안과 다르다면 변경 이유가 합당한지, 계획의 의도를 훼손하지 않고 보완할 수 있는 방향으로 적절하게 조정되었는지, 계획과 실행 과정에서 누락되었던 다른 문제점들은 없는지 등을 충분히 검토해야 한다. 이용 및 사후 관리 단계에서는 계획과 설계안에서 제시했던 해법이 실제 이용자들의 특성과 요구에 비추어 적절했는지, 공간이나 시설물, 구성요소들이 의

도한 대로 잘 작동하고 있는지에 대해 이용자들이 직접 참여하는 사후평
가가 이루어지는 것이 좋다.

참여의 한계와 문제점

시민 스스로 만들어 가는 시민도시를 위한 참여
와 협력의 필요성을 인식하고 이를 활성화하려
는 노력은 지금도 계속되고 있다. 그러나 아직
주민들이 의사결정이나 집행 과정에서 실질적인 영향력을 행사하거나, 자
발적으로 주도적인 역할을 하는 사례들은 매우 드물다. 정책사업의 추진
과정에 주민들의 참여와 협력을 이끌어내는 데에는 1) 대상지 선정 단계
에서 홍보부재로 인한 갈등, 2) 사업 목적 자체에 대한 인식 부재로 발생
하는 갈등, 3) 계획안에 대한 이해 부족으로 발생하는 갈등, 4) 타 계획과
의 관계 설정 부재로 인한 갈등, 5) 행정에 대한 신뢰 부족으로 인해 발생
하는 갈등, 6) 관련 주체 간의 이해관계 차이로 인한 갈등과 같이, 다양한
유형의 갈등이 제약 요인으로 작용한다. 특히, 계획이나 집행 현장에서 막
강한 권한과 자원을 가진 공공이나 전문가 집단에 비해 상대적으로 약자
의 입장에 있는 주민들은 의견수렴이나 홍보, 설득의 대상으로서의 역할
에 그치는 등, 참여의 폭과 수준이 제한되는 경우가 많다.

공원, 공공개발 등 이슈화되는 도시개발 사업의
경우 시민들에게 홍보하여 널리 알리고 다양한
의견을 수렴할 수 있도록 하는 것이 필요하다.
시민들은 네이밍 공모부터 시작하여 사업에 필요한 다양한 아이디어를 제
공하고, 시민의 입장에서 평가 · 검토할 수 있다.

시민들이 직접 자기가 살고 있는 지역에 대해 개선방향을 제시할 수
있도록 하는 것도 좋은 방법이다. 시민들의 공공 이익을 위한 계획안을 수
렴하는 방안으로는 인터넷을 활용하는 방법과 직접 방문하여 계획안을 제
출하는 방법 등 다양하게 생각해 볼 수 있다. 하지만 시민의 손으로 계획
안을 만드는 것은 아이디어 제안 차원을 넘어서 도시계획에 대한 전반적
인 이해가 필요한 사안이다. 따라서 시민교육을 함께 진행하여 시민 역량
을 강화하는 것이 효율적이다. 시민 역량 강화는 시민 개인이나 집단이 지
속가능한 목표를 설정하고 도전하는 능력을 향상시키는 과정이라고 할 수
있는데, 시민의 자발적인 참여를 이끌어내는 동기를 유발한다는 점에서도
매우 중요하다.

그렇다면 시민 역량 강화를 위해서 어떤 교육 프로그램을 마련하는
것이 좋을까? 우선 시민들이 수업에 참여하면서 흥미와 재미를 느낄 수
있어야 하고, 도시계획을 위해 중요한 사항들을 토론을 통해 결정할 수 있

는 능력을 키울 수 있도록 해야 한다. 또한 이론보다는 실천적인 프로그램을 통해 실제 도시계획에 대한 응용력을 향상시키도록 해야 한다.

이러한 측면에서 '스튜디오형 도시대학'을 통한 시민참여 도시 교육 프로그램은 획기적인 대안이 될 수 있다. 스튜디오형 도시대학은 도시문제에 대한 인식을 기초로, 현장조사와 토론, 시민 손으로 직접 계획하는 스튜디오 실습과 발표, 지도교수 등 전문가의 자문과 평가를 통해 새로운 대안을 만들어 나가는 과정으로 진행된다. 단순히 강좌와 이론교육이 중심이 되는 것이 아니라, 도시계획에 대한 이해를 넓히고 지역의 문제점을 찾아 이를 해결해 나갈 수 있는 역량을 키워 직접 새로운 계획(안)을 제시하는 역할까지 시민이 담당하는 것이다.

이러한 도시대학 운영의 해외 사례를 보면, 미국의 경우 미주리 주의 약 60개 타운을 대표하는 1,000여 명 이상의 지역주민과 도시계획 실무자를 대상으로 하여 토론수업 방식으로 교육을 진행한 지역사회개발 아카데미가 대표적이다. 교육 내용은 지리정보시스템GIS: Geographic Information System, 환경계획, 스마트 성장 등에 관한 것들이 포함되었고, 지역주민의 커뮤니티 능력을 증진시키기 위한 커리큘럼으로 구성되었다.

일본에서는 도시재생기구에서 마련한 도시재생대학교가 2003년부터 시작되었다. 일반주민들은 물론이고 대학생, 고등학생에 이르기까지 폭넓게 교육에 참가했으며, 대상과 교육 목적에 따라 코스도 다양하게 준비되어 있다. 현재 일본 내 8개의 지자체가 도시재생대학교를 운영하고 있으며, 풀뿌리 시민합의 형성이라는 목표 아래 참가 주민들 스스로 지역의 현황을 분석하고 도시재생에 관한 과제를 해결하기 위해 노력하고 있다.

국내에서는 2005년부터 스튜디오형 도시대학이 등장하여 현재 전국적으로 확대, 발전하고 있다. 스튜디오형 도시대학을 중심으로 한 교육 프로그램은 도시계획에 참여하는 시민들의 역량을 강화하는 데 크게 기여하고 있으며, 이 교육을 통해 앞으로 더 많은 성공 사례들이 발굴되리라 기대된다.

2

참여민주주의를위한
정책제안

근린 주민자치
활용

시민이 정책에 참여하는 방안에는 여러 가지가
있다. 시민이 정책을 제안하고, 만들고, 결정하
는 과정에 참여하여 직접적으로 영향을 미치는
방법이 있고, 정책을 추진하는 과정에서 심의 역할을 하는 간접적인 참여
방법도 있다.

민주주의는 사람들이 스스로 정책을 결정하는 것을 말한다. 이런 측
면에서 볼 때 직접민주주의는 민주주의의 이상에 가장 근접해 있는 것이

라고 말할 수 있다. 그러나 직접민주주의는 고대 그리스 도시국가 아테네와 같은 작은 공동체에서나 가능한 일이며, 인구의 증가와 사회적 변화로 인한 오늘날과 같은 사회에서는 불가능하다. 따라서 현대 사회에서는 대표를 선출하여 그들이 대신 정치를 하는 대의민주주의가 많이 실시되고 있다. 하지만 대의민주주의의 경우 실질적으로 시민이 참여하는 것은 대표를 선출할 때뿐이며, 선출된 대표가 시민들의 의사와 반대 방향으로 정치를 하는 경우에는 이를 제지할 방법이 없는 게 사실이다.

그런데, 지방자치제도는 지방자치를 통해 지역 주민들이 지역의 문제를 스스로 해결함으로써 대의민주주의가 갖고 있는 한계를 보완할 수 있는 제도이다. 시민들이 자기가 살고 있는 지역과 마을에 대해 관심을 갖고 지방자치에 참여함으로써 대의민주주의의 단점을 보완하고 민주주의를 보다 발전시키는 데 기여하는 것이다. 결국, 민주주의는 시민들의 참여로부터 나오며 지방자치는 이를 어느 정도 실현할 수 있게 하는 제도적 장치이다.

최근 풀뿌리 민주주의의 기본 단위라 할 수 있는 '근린neighborhood'이 주목을 받고 있다. 데이비스와 허버트라는 학자에 의하면, 근린은 '주거의 인접성을 기반으로 사람들이 대면적이고 비공식적인 상호작용에 관여하는 거주지 주변의 장소'를 말한다. 근린의 범위를 명확하게 정할 수는 없지만 우리가 살고 있는 집 주변의 환경을 함께 사용하고, 인식하고, 공유하는 주변의 이웃을 의미한다고 할 수 있다. 이 근린이라는 개념을 중심으로 민주주의의 확대·발전과 시민들의 참여정책을 실현하려는 움직임이 늘고 있다.

우리나라는 동별로 지역의 자치활동, 문화·복지·편익 증진, 지역 공동체 형성 등에 관한 사항을 심의하는 주민대표기구인 '주민자치위원회'를 두고 있다. 하지만 대부분의 주민자치위원회는 주민자치센터 운영위원회로서의 기능을 수행하고 있을 뿐, 지역사회 주민과 밀접한 관계를 형성하고 주민대표로서의 역할이나 기능을 제대로 수행해왔다고 보기는 어렵다. 주민자치위원회와 같은 근린 조직을 '지역사회를 대표local representation' 하는 주체로 적절히 활용한다면, 근린 주민자치를 통한 민주주의의 실현과 시민들의 정책참여가 보다 확대될 수 있을 것이다.

시민참여
정책제안
위원회

행정 관료에 의한 공공 정책의 결정·집행 모형인 행정모델은 더 이상 유효하지 않다는 사회적 인식은 새로운 사회조정 방식의 필요성을 제기하고 있다. 지방정부와 시민사회의 수평적이고 협력적인 의사소통 과정을 통해 사회적 갈등을 조정하고 공동체를 위한 더 나은 대안을 모색하는 노력이 요구된다.

학계에서는 이와 같은 사회조정 방식의 새로운 대안으로서 거버넌스 패러다임을 제시한다. 이 외에도, 거버넌스 행정을 위한 정책제안위원회라는 대안을 생각해 볼 구 있는데, 이는 계층적 관료제에 근거한 전통적인 행정통치, 효율성과 성과를 강조하는 기업형 공공관리 등과 명백히 구분히기 위해 제기된 논의기구다. 참가자들의 자율적이고 평등한 협력을 강조하며, 시민사회와 전문가의 참여라는 본질적 요소를 포함하고 있다는 특징이 있다.

시민참여 정책제안위원회를 구성할 때는 참여성, 효과성, 투명성의 3가지 요소를 갖추어야 한다. 정책개발 단계부터 시민에 의한, 시민을 위한 정책제안을 추진해야 하고(참여성), 시민과의 소통과 토론을 통한 실질적인 주민자치가 정책의 바람직한 결과로 이어져야 하며(효과성), 정책을 결정할 때 사전에 이해당사자와 전문가 그리고 시민의 의견을 충분히 수렴해야 하고 이 모든 과정을 모두에게 공개해야 한다(투명성).

소셜 네트워크 서비스 SNS 활용

소셜 네트워크 서비스Social Network Service, SNS의 사전적 정의는 '사용자 간의 자유로운 의사소통과 정보 공유, 그리고 인맥 확대 등을 통해 사회적 관계를 생성하고 강화시켜주는 온라인 플랫폼'이다. 쉽게 얘기하면 우리가 흔히 사용하는 싸이월드나 페이스북, 트위터 등과 같이 인터넷에서 개인의 이야기나 정보를 공유하고 서로의 의견을 주고받을 수 있도록 도와주는 것을 말한다. SNS는 친구나 회사동료와 같이 오프라인에서 알고 지내던 사람들과의 친분을 강화하거나, 온라인을 통해 새로운 사람을 사귈 수 있다는 장점이 있다. SNS는 인맥을 형성하는 것 이외에도 마케팅이나 전자상거래(소셜커머스), 게임 등에서도 이용되고 있으며, 최근에는 공공부문에서도 정책을 홍보하거나 민원을 접수 받는 창구로 활용되기도 한다.

이러한 기능의 SNS를 행정에 활용할 경우, 행정서비스의 편리성 향상과 시민들의 자유로운 정책제안이 가능하며, 정책의 홍보도 용이해 진다. 물론 왜곡된 정보가 무분별하게 확산되는 부작용을 최소화하기 위한 관리 역시 필요가 있다.

그런데 SNS를 행정에서 도입하려면 먼저 준비과정이 필요하다. 전담기관과 부서를 마련하고 담당자들이 효과적으로 시스템을 운영할 수 있도록 업무를 적절하게 분담하는 등 여러 가지 제도적 절차가 마련되어야 한다. 우선 SNS 담당자는 정보를 어느 수준까지 공개해야 하는지, 그리고 시민들이 어떻게 접근하도록 할 것인지를 결정해야 한다. 또한 해당 정부 공식사이트와 어느 정도 일관성이 있도록 개발해야 하며, 부적절하거나 기술적으로 해로운 정보와 링크는 철저히 배제해야 한다. 주제에서 벗어나는 내용이나 선정적이고 폭력적인 내용, 저작권을 위반하는 요소를 포함하는 글 등 SNS 활용의 방해가 되는 것들을 걸러낼 수 있는 장치도 필요하다. 보안과 위험관리도 매우 중요하다. 지방정부는 SNS 활용전략을 수립하기 이전에 보안에는 문제가 없는지 철저히 분석하고, 운영 중에도 실시간 모니터링을 통해 위협요소를 찾아내 정보 유출 등의 사고가 발생하지 않도록 대비해야 한다.

한편, SNS에 남겨진 게시물과 댓글도 엄연한 공공 기록물이다. 따라서 지방정부의 소셜미디어 상의 자료들은, 외부 민간 사이트의 SNS정책과는 별개로, 법규에 부합하게 일정기간 공공기록으로서 보존·관리해야 한다.

아이디어
공모

테드Technology Entertainment Design, TED강좌가 인기다. 테드는 창조적 아이디어에 대한 토론과 교감을 위한 영상 제공을 목적으로 1984년 창설된 국제 컨퍼런스다. 테드의 강연은 18분의 제한된 시간 동안 다양하고 참신한 아이디어를 설명하는 자리로서, 흔히 18분의 기적이라고 한다. 최근 마이크로 소프트의 빌게이츠나 트위터의 창시자인 에반 윌리암스, 애플의

스티브 잡스, 〈정의란 무엇인가〉의 저자 마이클 센델 등 유명인사들의 강연으로 인해 더욱 알려지게 되었고, 국내에도 1,000여 개의 번역된 영상이 민간차원에서 공급될 정도로 활성화되고 있다.

테드는 '널리 퍼져야 할 아이디어Idea worth spreading'라는 모토를 가지고 자유로운 지식공유를 목적으로 한다. 테드 홈페이지에 들어가면 수많은 강연들이 공유되고 있으며, 다양한 언어로 번역된 강연도 볼 수 있다. 최근에는 학교나 도서관, 비즈니스 단체에서도 스스로 테드와 같은 강연회를 열수 있도록 도와주고 있는데, 국내에서는 2009년 8월에 TEDx 명동을 시작으로 TEDx 서울, TEDx 숙명, TEDx 연세, TEDx 광운 등 많은 관련 행사가 진행되었다. TEDx는 학교, 학원, 회사 등의 단체 구성원들이 TED와 같은 강연회를 열고자 할 때 도움을 주는 프로그램을 말한다.

테드와 같은 지식공유 시스템은 기존의 단편적인 아이디어 공모방식이나 인터넷을 통한 시민들의 의견 제출 방식에서 벗어나, 제안된 아이디어를 공유하고 함께 논의하는 과정을 통해 현실적인 아이디어로 발전시킬 수 있는 틀을 제공해준다. 지식인들이나 일반 시민들이 다양한 정책 아이디어를 제안할 수 있는 기회의 공간을 열어놓고, 그것이 실제로 가능한 경우 정책에 반영할 수 있게 하는 것이다.

테드와 같이 전문가와 시민들이 직접 정책을 제안할 수 있는 아이디어 토론의 장을 마련하기 위해서는, 시민들을 비롯한 다양한 사람들에게 강의하고 촬영하고 토론할 수 있는 열린 공간을 제공해주는 것이 필요하다. 또한 관련 정책연구기관, 유명인사, 지역대학의 재능기부와 연계하여 질 높은 아이디어 창출을 위한 노력도 함께 이루어져야 한다.

수원시의 경우 인문학도시를 표방하면서 지식문화축제의 일환으로 테드 강연과 같은 형식의 지식콘서트를 열 계획이다. 일반 시민들이 영화나 연극, 뮤지컬을 보러가듯이 다양한 생각을 공유하는 지식콘서트에 가는 것이다. 이와 같은 프로그램이 지속적으로 이어지기 위해서는 시민사회 중심의 제도 운영과 행정의 지원체계를 연결하는 민·관 협력 거버넌스를 구축해야 할 것이다.

학자에서 행정가로,

꿈에서
확신으로!

나의 이야기

1980년대 대학시절, 나는 이른바 운동권이었다. 그러나 앙금처럼 남아 있던 미진함과 부채의식은 학자였던 나를 시민운동으로 이끌었고, 시민운동으로 얻은 경험과 열망은 나를 다시 행정가의 길로 들어서게 했다.

도시재생과 환경!

이것은 학자로서의 전공 분야이자 그간 내가 가장 열심히 활동했고 경험을 축적했던 분야이기도 하다.

2006년 도시대학 프로그램을 주관하면서 시민이 주체가 되는 도시계획의 가능성을 엿보았다. 여기서 한발 더 나아가 시민이 자신이 사는 도시의 문제점을 인지하고, 스스로 도시를 계획하려면 어떻게 해야 되는지에 대한 거시적인 패러다임을 구상했다.

그리고 예기치 않았던 어떤 기회가 찾아왔다.

수원시의 도시정책과 환경을 총괄하는 부시장 직을 맡게 된 것이다. 이것은 학자에서 행정가로의 변화에 국한되지 않는다. 학자와 시민운동가로서 그동안 쌓았던 경험을 실제 행정으로 실천할 수 있게 되었기 때문이다.

도시공학을 전공했다는 이력은 실제 행정을 집행하고 도시를 구상함에 있어 큰 도움이 되었다. 경험을 통해 얻은 집단지성에 대한 믿음은 모든 사람들의 의구심을 넘어서서 거버넌스 행정을 추진할 수 있는 원동력이 되었다. 하지만 시민들의 지혜와 적극적인 참여라는 결정적 지원이 없었다면 그 모든 것들은 헛된 수고에 불과했을지도 모른다.

지금 나는 새로운 꿈을 꾸고 있다.

'친환경 생태도시'라는 학자로서의 관심에 '지속가능한 시민도시'라는 행정가로서의 비전이 더해져 더욱 단단해지고 알차진 꿈이다.

시민의 손으로 마을을 바꾸고 도시를 바꾸고 나라를 바꿀 수 있다는 꿈은 결코 환타지가 아니다. 이미 시작되었고, 머지않아 우리 눈앞에 그 온전한 모습을 드러낼 현실이다.

모든 답은 그 안에 있다

많은 사람들이 '시민도시'라는 개념을 낯설어한다.
하지만 그것이 민주주의가 추구해온 이상적인 정치의 장이라 생각하면 낯설다기보다는 반갑게 느껴질 것이다. 다만 여건이 안 된다, 시민의식이 부족하다는 핑계를 대며 미루어 왔을 뿐이다.

사실 그동안 우리는 핑계 뒤에 숨어 시민들에게 의견을 제시할 기회조차 제공하지 않았다. 지금은 시민들이 직접 자신들의 삶을 디자인하는 시대다. 정치가와 행정가, 전문가들은 앞장서서 참여를 위한 제도적 장치를 마련하고 다양한 실험의 무대로 시민들을 이끌어낼 책무가 있다.

급속한 도시화 과정은 나비효과를 일으켰다.
부동산 가격의 버블은 대부분의 국민들에게 '부동산은 곧 재산'이란 인식을 심어주었다. 이것이 도시계획에 시민참여를 가로막는 장애요인이 된 것이다. 도시계획을 단순하게 말하자면 토지의 쓰임을 결정하는 행위이다. 참여하는 시민들이 사적인 이익을 추구한다면 참여의 득보다 실이 더 크다는 의견은 나름 합리적이다.

하지만 이런 우려는 기우로 밝혀졌다.

전 세계가 저성장 시대에 접어들었으며, 시민들의 의식수준이 그만큼 높아졌기 때문이다. 더구나 전국의 주택보급률이 100%를 육박하고 있다. 공적 이익의 훼손을 우려해 시민 참여를 제한한다는 주장은 더 이상 설득력이 없다.

수원시의 시민계획단은 놀라운 경험이었다.

참여했던 시민들은 사적 이익은커녕 당장의 민원 해결보다 수원시의 장기적 비전을 생각했다. 어떻게 하면 우리 모두 다 같이 행복할 수 있는지, 어떻게 하면 후손들에게 더 좋은 환경을 물려줄 수 있을지가 그들의 유일한 고민이었다.

시민들은 의식에 있어서 이미 도시의 주인이었다.

이제 정치가, 전문가, 행정가들이 해야 할 일은 의심이 아니라 시민의 역량을 키워주는 것이다. 그리고 그 전에 시민이 가진 집단지성의 힘을 믿는 것이다.

모든 답은 그 안에 있기 때문이다.

가장 효율적인, 가장 감동적인

시민 참여가 취지에서 훌륭하다는 것은 누구나 공감한다.

그런데 왜 선뜻 시행하지 못할까?

괜히 시도했다가 별 효과도 못 보고 잡음이나 갈등만 생길까 두려워하기 때문일 것이다. 일부 행정가들은 시민 참여를 확대하면 자신들이 역할이 줄어든다고 생각한다. 또 다른 일부는 효율성에 대해 의문을 제기하기도 한다.

결론적으로 수원시의 경험에 의하면, 그 모든 두려움과 의문이 오히려 비효율적이었음이 밝혀졌다.

시에서 정보를 공개할수록 소통은 잘 되었고 시정에 대한 이해도가 높아졌다. 시민들은 정부와 공무원이 그렇게 열심히 일하는지 몰랐다고 입을 모았다.

시민 참여에 기울여야 하는 시간과 에너지의 낭비를 걱정할 필요는 없었다. 사전 조율보다 사후 갈등을 조정하는 데 들여야 하는 에너지가 항상 더 크기 마련이다.

시민 참여는 갈등 요소를 미리 발견해 조기에 해결한다는 의미에서 오히려 효율적이다. 그리고 무엇보다 이렇게 결정된 정책은 무척 견고하다. 시민들이 호응하는 방향으로 나아가니 그만큼 추진력도 강해지는 것이다. 그리고 어찌 보면 이것이 참여의 가장 감동적인 선물이다.

마음껏 걷고, 나누고, 꿈꾸는 도시

시민도시가 나아가야 할 방향은 명확하다.

정체성이 있는 도시, 생태가 복원된 환경, 역사와 문화가 살아 있는 소통과 협력의 공동체다. 우리가 사는 도시와 마을을 걷고 뛰고 나누고 꿈꾸는, 그야말로 살고 싶은 공간으로 만드는 것이다.

물론 그 과정은 쉽지 않을지도 모른다.

애초에 잘못 만들어진 길을 지우고 다시 길을 내야 하는 일이기 때문이다. 변화는 언제나 두려운 것이지만, 그래도 희망적인 이유는 새로 만들어질 길을 따라 걷다 보면 행복한 미래가 펼쳐질 것이라는 확신이 있기 때문이다.

　　수원시가 지난 5년 동안 추진해온 노력은 매우 고무적이었다.

여기서 얻은 자신감은 우리 수원은 물론 대한민국 전체를 변화시킬 자산

이고, 여기서 얻은 경험은 시민도시가 나아가야 할 방향성이다.

수원시의 성과는 분명 성공적이다.

하지만 나는 '성공'보다는 '성공의 시작'이라 말하고 싶다.

앞으로 시민 참여가 지속되고 확장되도록 정책을 만들고 시스템을 구축하

는 것이 아주 중요하기 때문이다. 이는 수원시가 5년 이상의 실험을 통해

얻은 결론이자 지향점이다.

수원시의 역사적인 실험에 동참해준 수원시민에게 감사드린다.

"고맙습니다. 시민 여러분, 그리고 공직자 여러분이 없었다면 결코 해낼

수 없었을 것입니다."

• Bae, W(2007), The Characteristics of Community Board in the City of New York as the System of Citizen Participation. Urban Design Institute of Korea, 2007 Autumn Annual Conference.

• Clark(2012), The Importance of Governance for Sustainable Development(Singapore, Institute of Southeast Asian Studies).

• Hwang, H. Jeon, W. and Park, W.(2008), Typology Analyses of Participatory Community Building Projects. Korea Planners Association, 43(6), pp.89-110.

• Kim, D. Lee, Y. and Lee, S.(2007), Resolution of Interest Conflict on Urban Development through Resident-Participation. Civil Society & NGO, 5(1), pp.241-269.

• Kim, J. Kim, H. and Lee, J.(2012), A Study Monitoring of Citizen's education Program in Community Building-Focused on Suwon-City Community-Renaissance Academy Program in Korea. Korea Planners Association, 47(2), pp.57-67.

• Kim, S. and Park, H.(2006), A Study on the Web-based Citizen Participation System in Urban Planning Process. The Korean

Association of Professional Geographers, 40(2), pp.199−211.

• Koh, J. and Kim, M.(2012), The Efficient Public Private Partnerships for the Geospatial Data. Journal of Korea Spatial Information Society, 20(2), pp.71−79.

• Kwon, Y.(2004), Citizens' Participation in Urban Reform with Respect to Urban Reform Center of Citizens' Coalition for Economic Justice in Korea. The Korean Urban Geographical Society, 7(1), pp.13−27.

• Lee, J. An, S. Kim, D. and Choi, S(2009), A Study on Developing Education Programs through Operating a Residents−Oriented Studio Type of an Academy of Urban Planning. Korea Planners Association, 44(3), pp.247−259.

• Lee, K.(1997), Recovery of Citizen sovereignty and Activation of Citizen participation. Local government and Citizen sovereignty, pp.111−127.

• Lee, R.(2009), Citizen Participation Technique Compliant with the Role of Citizen in Urban Planning. Yonsei University Masters Thesis.

• Lehmann, T.(2013), Planning Principle for Sustainable and Green Cities in the Asia−Pacific Region : A New Platform for Engagement,

Study UN ESCAP Working Document, 01 November 2013.

- Lye & Cheng(2010), Some Thoughts on the Development of Eco-Cities in Asia, in L. F. Lye and G. Cheng, eds., Towards a Liveable and Sustainable Urban Environment : Eco-Cities in East Asia (Singapore, World Scientific Publishing), pp. 5790.
- OECD(1998), Towards Sustainable Development – Environmental Indicators.

- 강장묵(2011), 소셜네트워크 서비스와 참여, 칼럼, 경희사이버대학교 미래 고등교육연구소.
- 권선필(2012), 주민회의를 통한 주민참여예산제 활성화 방안에 관한 연구: 유성구의 참여예산 주민회의 사례, 서울행정학회 추계학술대회 발표논문 집.
- 김진경 · 김현 · 이재준(2012), 마을만들기 시민교육 프로그램의 모니터링 연구 : 수원시 마을르네상스 학교 프로그램을 대상으로, 대한국토도시계획학회지 「국토계획」 47(2).
- 김진경 · 민범기 · 이재준(2013), 수원시 마을만들기 시민교육 프로그램의 특성, 한국도시설계학회지 「도시설계」 14(2).
- 김진경 · 이재준(2010), 동탄2 신도시 제척지역의 주민과 시행사의 이해갈 등조정에 관한 사례연구 : 화성시 동탄면 성원아파트를 대상으로, 한국지

역개발학회지 22(4).

- 김창석 · 황희연 · 김현수 · 이재준 · 안상욱 외(2006), 살고싶은 도시만들기 국내외 사례조사, 대한주택공사.

- 김철(2003), 시민참여예산제의 도입필요성 연구, 「한국정책학회 2003년 동 계학술대회 발표 논문집」, 한국정책학회, 277~306.

- 김태홍(2005), 사회갈등해소를 위한 갈등관리제도의 구축 및 효율적 운영 방안 연구.

- 류중석 · 송미령 · 이성은 · 이왕건 · 이재준(2007), 살기좋은 지역만들기, 국가균형발전위원회.

- 목민관클럽(2011), 지역을 만드는 사람들, 지역을 살리는 사람들: 지속가능 한 지역 혁신을 위한 도전, 희망제작소.

- 문태훈 · 이재준(2012), 시화지구개발에서 시화지속발전협의회의 역할에 대한 평가와 전망 : 환경문제 해결기구로서의 역할을 중심으로, 「한국행정 학보」 46(3).

- 미국 시카고 '국제참여예산 컨퍼런스' 배포자료(2013.05.03.~05.08)

- 박수철(2012), 첫 시민배심법정 '재개발 공방' 팽팽, 경기일보, 2012.02.09.

- 박재길 · 이왕건 · 김명수 · 박경현 · 김지형 · 이성형(2006), 살고싶은 도시 만들기와 도시계획의 역할에 관한 연구 : 외국사례, 국토연구원.

- 서기환(2008), 계획과정의 주민참여 패러다임 변화 : Geoweb 기반의 미국 뉴저지주 주민참여 사례, 국토연구원 국토정책 브리프 제191호.

• 수원시(2012), 수원의 도시미래 시민의 손으로 만들어 간다, 와글와글수원, 2012.09.

• 수원시정백서(2013), 분야별 성과와 전망.

• 수원시정연구원(2013), 참여예산제의 국제적 동향 연구.

• 오성훈 · 남궁지희(2011) 「보행도시; 좋은 보행환경의 12가지 조건」, 건축도시공간연구소.

• 윤혜정(2008), 스마트성장을 위한 대안적 시민참여 방안, 「주거환경」, 6(2).

• 이명규(2008), 한국 마을만들기 조례의 현황과 과제: 광주광역시 북구를 중심으로, 살고싶은 도시만들기 라운드테이블 발제자료.

• 이병수 · 김일태(2001), 지방정부와 NGO 간의 로컬 거버넌스 형성 조건에 관한 연구-의정부시 공무원과 NGO 활동가들의 의식, 태고, 경험을 중심으로-, 한국도시행정학회, 도시행정학보 14(2).

• 이세구(2005), 주민참여 예산제도 도입에 관한 연구, 서울시정개발연구원.

• 이용환 · 송상훈(2011), 주민참여예산제의 효율적 운영방안, 경기개발연구원.

• 이재준 외(2015), 《지속가능한 도시를 위한 환경문제와 재생에너지; 새로운 도시정책의 플랫폼》, 「도시계획의 위기와 새로운 도전」, 경실련도시개혁센터 엮음, 보성각.

• 이재준(2002), WSSD 향후 10년의 지방의제21 발전방안, 제6회 지방의제21 정책포럼, 지방의제21과 WSSD 자료집.

- 이재준(2007a), 시민이 참여하는 살고 싶은 마을만들기, 살고싶은 도시만들기 라운드테이블: 살고싶은 지역만들기를 위한 지역역량 강화방안 자료집.

- 이재준(2007b), 시화지속협의회 통해 본 갈등해법, 중부일보, 2007.11.12. 사설/칼럼

- 이재준(2008), 저탄소 녹색성장과 문화체육관광 정책, 개원기념 문화·관광정책 심포지엄 발제자료.

- 이재준(2011), '대중의 지혜'로 도시정책 펴다, 내일신문 2011.04.18. 기고.

- 이재준(2012a), 리우+20과 ICLEI 국제회의를 다녀와서, 중부일보 2012.07.02. 사설/칼럼.

- 이재준(2012b), 선거 유권자의 집단지성을 보이자, 중부일보 2012.04.09. 사설/칼럼.

- 이재준(2012c), 국제적인 브라질 꾸리찌바 도시의 교훈, 중부일보 2012.07.30. 사설/칼럼.

- 이재준(2012d), 도시의 미래는 시민이 직접 계획하자, 중부일보 2012.06.04., 사설/칼럼.

- 이재준(2012e), 초 저성장시대의 지자체 재정건전성, 중부일보 2012.11.27. 사설/칼럼

- 이재준(2012f), 녹색도시의 꿈, 상상.

- 이재준(2012g), 자동차보다 사람중심의 도시를 꿈꿀 수는 없을까, 중부일보, 2012.09.24. 사설/칼럼.

- 이재준(2012h), 경험으로 얻은 시민참여의 자신감, 중부일보, 2012.08.27. 사설/칼럼

- 이재준(2013a), 시민참여에 의한 상향식 자치분권, 중부일보, 2013.07.10. 사설/칼럼.

- 이재준(2013b), 주거문화의 미래를 보다; 브라질의 환경수도 쿠리치바. LH 사보.

- 이재준(2013c), 도시와 농업의 '공존', 지속가능한 성장 모델 제시, LH NEWS 2013.05.16.

- 이재준(2013d), 참여와 협력의 가치를 주는 도시농업, 중부일보, 2013.05.07. 칼럼/사설.

- 이재준(2013e), 지방자치를 위해 마을계획을 시작하자, 중부일보, 2013.06.11. 사설/칼럼.

- 이재준(2013f), 수원시 마을르네상스 사업 3년 성과와 전망, 중부일보 2013.07.30. 사설/칼럼.

- 이재준(2013g), 융복합 행정의 결실 생태교통 수원, 중부일보 2013.10.25. 사설/칼럼.

- 이재준(2013h), 도시정책의 새로운 패러다임, 중부일보 2013.12.20. 사설/칼럼

- 이재준(2014a) 《마을만들기》, 「우리국토 좋은국토; 국토관리의 패러다임」, 사회평론.

- 이재준(2014b), 새로운 도시정책의 플랫폼, 한국조경학회 정기총회특별강연 자료.

- 이재준(2015), 《지속가능한 도시 회복을 위한 혁신; 수원시의 거버넌스 정책 실험과 성과》, 「국토」, 국토연구원.

- 이재준 · 김도영(2012), 시민참여형 도시계획모델 개발에 관한 연구, 서울대학교 환경논총 제51권.

- 이재준 · 김도영 · 박상철(2013), 역사문화자원을 활용한 마을만들기 사례분석 연구 : 일본 나오시마와 수원시 행궁동 사례를 중심으로, 국토지리학회지 47(1).

- 이재준 · 김예성 · 김현 · 김도영(2015), 시민참여형 도시기본계획 수립 현황과 공무원 인식 : 경기도 31개 시군을 중심으로, 한국도시설계학회지 「도시설계」 16(4).

- 이재준 · 안상욱 · 김도영 · 최석환(2009), 시민참여 스튜디오형 도시대학 운영을 통한 교육프로그램 개발방안, 대한국토 · 도시계획학회지, 「국토계획」, 44(3).

- 이재준 · 염태영 · 장영석 · 김연진(2004), 마을의제21의 효율적인 추진방안 연구. 환경부.

- 이재준 · 최석환 · 김선희(2010), 국토 어메니티 평가지표 개발, 한국조경학회지 38(1).

- 이재준 · 이창우 · 장영석 · 윤세홍(2005), 지역환경계획 수립 및 집행과정

에서의 시민참여 활성화 방안, 환경부.

- 이호(2012), 독일 베를린 리히텐베르그의 참여예산 사례, 풀뿌리 자치연구소 이음.

- 조명래(2010), 성미산마을을 아시나요? 새마을 신문, 2010.11.22. 칼럼

- 조영태 · 이재준 · 최석환 · 김도영(2013), 주민제안형 도시설계 운영 및 평가 : 뉴타운 시민대학을 중심으로, 토지주택연구원 LHI Journal 4(2)

- 지속가능발전위원회(2005), '공공갈등관리의 이론과 기법', 공공갈등과 참여적 의사결정 포럼.

- 진두생(2010), 지역개발에 있어서 주민참여에 관한 연구: 서울시 뉴타운 사업을 중심으로, 건국대학교 대학원 박사학위논문.

- 진영환 · 류승한 · 정윤희 · 김은란(2008), 시민이 참여하는 살고 싶은 도시 만들기 : 전략편, 국토연구원.

- 카야시마 신(2002), 분권화와 환경정책과정, 「도시문제」 제93권 제4호, 2002년 4월, p.53~65.

- 팀 오라일리 외(2012), 열린 정부 만들기 : 모든 시민이 참여하는 투명한 정부 2.0 프로젝트, 에이콘출판.

- 푸른경기21실천협의회(2008), 경기의제21실천사업 2008 주민자치 의제 기획사업 보고서.

- 한국지속가능발전센터(2013), 《세계지방의제21 20년사》, 리북

- 한국지역정보화학회(2011), 《지방자치단체 소셜미디어 활용방안 연구》, 한

국지역정보개발원.

• 한상욱(2007), 효율적인 도시 정비 및 재생사업 추진을 위한 주민참여 활성

　화 방안, 충남발전연구원.